Friedl Hofbauer

Sagen aus Österreich

Bilder von Dominic Groebner

G&G

MIX
Papier aus verantwortungsvollen Quellen
FSC® C105694

www.ggverlag.at

ISBN 978-3-7074-2471-3

2. Auflage 2024

Illustrationen von Dominic Groebner
Druck und Bindung: Druckerei Glöckler, Wöllersdorf

Aus Umweltschutzgründen wurde dieses Buch auf chlorfrei gebleichtem Papier gedruckt.

G&G
Gut für Ihr Kind
Gut für die Umwelt
Farben auf Pflanzenölbasis
Lösungsmittelfreie Klebstoffe
Gedruckt auf FSC-Papier
Hergestellt in Europa

Inhalt

Burgenland

Kärnten

Niederösterreich

Oberösterreich

Salzburg

Steiermark

Tirol

Vorarlberg

Wien

Vom Neusiedler See und seinen Nixen

Da ist einmal ein alter Mann von Ungarn her ins Grenzland gekommen. Er war ganz erschöpft, denn die Sonne brannte herunter, und er war müde und durstig. Endlich sah er einen Baum, der Schatten gab. Dorthin wankte der alte Mann und sank darunter nieder.

Auf einmal sah er zwei junge Burschen daherkommen, die große Krüge voll Wasser trugen. Sie kamen näher und setzten sich neben den Alten hin. Sie tranken aus ihren Krügen und stellten sie dann neben sich ins Gras. Der alte Mann bat die Burschen um Wasser, aber sie gaben ihm keins. Sie stießen die Wasserkrüge um und sagten:

„Lieber soll ein See aus diesem Wasser werden, als dass wir einem unnützen Alten einen Tropfen davon geben!“ Dann gingen sie lachend davon.

Da stand der alte Mann auf. Er sah nicht mehr durstig aus, und er war auch nicht mehr müde, aber seine Augen waren traurig. Und er ging fort.

In der Nacht aber stieg aus dem Wiesengrund ein See, der immer größer wurde. Hohe Wellen überschwemmten Wiesen und Äcker und auch Häuser, in denen Leute wohnten, die einem alten, durstigen Mann gewiss einen Schluck Wasser gegönnt hätten. Aber das Wasser, das da kam, wusste nichts davon ...

Die Seejungfrauen vom Neusiedler See wohnen im Schilf. Man kann sie heute noch manchmal sehen, wenn man vorsichtig und ohne viel zu plätschern ein Ruderboot durch die schmalen Wasserwege im Schilfgürtel steuert. Man darf ihnen aber nicht zu nahe kommen, denn sobald sie einen Menschen bemerken, tauchen sie weg. Und dann kann es sein, dass den Störenfried ein Säbelschnäbler oder ein Silberreiher vorwurfsvoll anschaut.

Die Seejungfrauen oder Nixen, wie sie ja auch heißen, waren nicht immer so menschenscheu. Aber, so berichtet die Sage, einmal vor langer Zeit ist einer Nixe etwas angetan worden, was kein vernünftiger Mensch begreifen kann und ein Wassergeist schon gar nicht.

Also es war so: Die Fischer damals am Neusiedler See wussten genau, dass sie sorglich darauf achten mussten, den See nicht auszufischen, der ihnen Verdienst gab. Sie wären sich ja selber Feind gewesen, hätten sie das getan.

Aber einmal kam ein Fischer an den See, der war gierig. Der konnte nie genug Fische fangen. Er kümmerte sich auch nicht darum, was die andern Fischer taten. Er fischte und fischte und fischte. Als er eines Tages zu einem seiner ausgelegten Netze kam, sah er darin einen großen Fisch zappeln.

„Ein Riesenwels muss das sein“, dachte der Fischer und begann das Netz hochzuziehen. Da merkte er, dass es zerrissen war. In dem Netz aber hatte sich kein Wels gefangen, sondern eine Nixe.

„Du hast mein Netz zerrissen!“, schrie der Fischer die Nixe an. „Das wirst du mir büßen!“

„Lass mich frei!“, bat die Nixe. „Meine Kinder weinen nach mir!“

„Deine Kinder krieg ich auch noch!“, rief der gierige Fischer. „Sie vertreiben mir alle Fische!“

„Sie spielen doch nur!“, rief die Nixe. „Sie spielen Fische retten!“

„Diese Höllenbrut!“, schrie der Fischer und drohte der Nixe mit seiner langen Fischergabel.

Die Sage berichtet weiter, dass der gierige Fischer die Nixe mit seiner Fischergabel getötet hat und dass sie ihn sterbend verflucht hat: Er solle nie mehr ans Ufer gelangen und ewig im Neusiedler See rundum fahren müssen.

Aber das kann nicht stimmen. Denn Nixen kann man nicht töten. Man kann sie nur vertreiben. Und das, was man heute noch an stillen Abenden draußen im Neusiedler See plätschern hört, sind nicht Ruderschläge des verfluchten Fischers, sondern Fischlein, die spielen.

Die Quelle von Bad Tatzmannsdorf

Vor ein paar hundert Jahren stand in der Gegend des heutigen Tatzmannsdorf am Ufer eines kleinen sumpfigen Sees ein alter Erlenbaum. Unter den Wurzeln des Baumes floss die Quelle hervor, die den See speiste.

Einmal kam ein Bergmann dorthin, der im Land nach Erzen suchte. Es war schon Abend und er war müde. Zwar hatten ihn Leute aus der Gegend gewarnt, abends in der Nähe des Sees zu verweilen, weil es dort Irrlichter gäbe, die Wanderer gern in den Sumpf locken. Aber der Bergmann fürchtete sich nicht vor Irrlichtern oder anderen gruseligen Wesen, sondern schlug auf einem trockenen Plätzchen im dichten Ufergebüsch sein Nachtlager auf. Er saß noch eine Weile und hörte dem Gesang der Frösche zu. Da war in der Nähe ein Rascheln und ein Lichtschein, und plötzlich sah der Bergmann einen alten Mann mit weißem Haupthaar und einem langen weißen Bart mit einem Licht in der Hand sich auf den Erlenbaum zubewegen.

„Was will der da?“, dachte der Bergmann und blieb mausestill. Er sah, wie der Alte, sein flackerndes Laternchen in der einen Hand, einen Krug in der anderen, sich zu den Baumwurzeln hinabbeugte und

Quellwasser in den Krug füllte. Kaum war der Krug voll, richtete der weißhaarige Alte sich wieder auf und ging fort.

Der Bergmann schüttelte den Kopf und sagte zu sich: „Das war ein alter Mann mit einer Laterne und kein Irrlicht. Er hat sich Wasser von der Quelle geholt. Warum mitten in der Nacht? Aber was geht mich das an?“, und schlief ein.

Am nächsten Morgen ging der Bergmann zu dem Erlenbaum, beugte sich zu der Quelle nieder, die da aus dem Boden floss, schöpfte mit der hohlen Hand Wasser und trank. Der Trunk erfrischte ihn, wie schon lange kein Wasser ihn erfrischt hatte. Er ging wieder fort, seiner Erzsuche nach, und dachte bald nicht mehr an den Vorfall an der Quelle.

Der geheimnisvolle Alte soll übrigens, wie man später erfahren hat, ein Arzt gewesen sein, der für seine Kranken dort heimlich bei Nacht Wasser holte, weil er um die Heilkraft der Quelle wusste, sie aber nicht verraten wollte.

Eines Tages kam ein Hirtenknabe mit einer Herde Schweine von weither an den kleinen Quellsee. Die Schweine waren alle krank. Fiebrig und mit trüben Augen kamen sie daher. Als sie den See erblickten, stürzten sie sich alle hinein und tranken. Als sie wieder herauskamen, waren ihre Augen blank und das Fieber war fort. Der Hirtenknabe trieb seine Schweineherde weiter und erzählte jedem und überall von diesem Wunder. Bald war die Heilkraft der Quelle kein Geheimnis mehr und es kamen immer mehr kranke Menschen, denen das Quellwasser half. An eben dieser Stelle ist das heutige Bad Tatzmannsdorf entstanden.

Schatzfeuer

In vielen Sagen gibt es Anleitungen, wie man einen Schatz finden kann.

In Eisenstadt ist zum Beispiel ein Schatz aus der Türkenzeit vergraben. Einmal hat ein Maurermeister ihn entdeckt, aber nicht heben können, und das kam so:

Es war Vollmond. Der Maurer ging durch die Hauptstraße, die damals noch Marktzeile hieß, nachhause. Keine einzige Wolke stand am Nachthimmel und die Straße war sehr hell.

Plötzlich sah der Maurermeister einen runden Schatten auf der Straße liegen. Den runden Schatten kann man nur bei Vollmond sehen und nur wenn keine einzige Wolke am Himmel ist. Ein paar Augenblicke fällt dieser Schatten genau auf die Stelle, wo der Schatz aus der Türkenzeit vergraben liegt.

Dem Maurermeister wurde heiß und kalt. „Jetzt bin ich reich", dachte er. „Ich lauf nachhause und hol eine Schaufel!"

Da hörte der glückliche Finder des Schatzes ein grässliches Knurren, und ein schwarzer Hund, so groß wie ein Kalb, kam dahergerannt. Seine Augen flackerten. „Der bewacht den Schatz", dachte der Maurermeister.

„Mit dem werde ich nicht fertig!“ Und er rannte davon, so schnell er konnte.

Der große schwarze Hund kam ihm nach, knurrte und schnappte schon nach ihm, da sprang der Maurermeister über einen Zaun. Das half nichts. Der schwarze Hund setzte ihm nach. Der Maurermeister sprang über den Zaun zurück und lief so schnell, wie er noch nie in seinem Leben gelaufen war, bis zu seinem Haus. Erst dort merkte er, dass der Hund ihn nicht mehr verfolgte.

Später hat der Maurermeister seinen Freunden und Nachbarn immer wieder von dem unheimlichen Erlebnis erzählt. Er hat aber niemand die Stelle verraten, auf die der runde Schatten bei Vollmond fällt. Er wollte nicht, dass ein Freund oder ein Nachbar in Gefahr käme, dem schwarzen Riesenhund zu begegnen. Denn wie man den bannt, das hat ja keiner gewusst.

Das Schatzfeuer gibt es nicht nur in den Augen von Hunden oder Drachen, die Schätze hüten. Manchmal zeigen sich Flammen auch genau dort, wo ein Schatz unter der Erde liegt. Beim Öden Kloster in der Nähe von Kaisersteinbruch soll man noch vor hundert Jahren Flammen aus der Erde lodern gesehen haben. Die haben ausgeschaut wie Feuerlilien. Darum haben die Leute auch immer gesagt: „Dort blüht ein Schatz.“ Aber gehoben hat ihn noch keiner.

Einmal haben zwei Bauern im Kavrianiwald ihre Pferde weiden lassen. Als sie am Abend die Pferde heimtreiben wollten, stand plötzlich ein großer Mann da. Er hat auf einer Stelle herumgetrampelt und war gleich wieder weg. Aber dort, wo seine Fußtritte waren, sind rote Flammen aus der Erde geschossen und haben eine Weile gebrannt, als täten sie auf etwas Bestimmtes warten. Nur hatten die Bauern leider kein Stück Brot im Hosensack, kein einziges Brösel! Hätten sie das gehabt, dann hätten sie damit das Feuer löschen und den Schatz heben können. Und der große Mann, die arme Seele, wäre auch erlöst gewesen.

Zwischen Hof und Au am Rand des Leithagebirges liegt auch ein Schatz in der Erde. Manchmal wachsen dort blaue Flämmchen aus dem Boden, kleine, die aus der Ferne aussehen, als wären sie ein Beetlein aus blauen Blumen. Auch diesen Schatz kann man heben, wenn man Brot in das Feuer bröselt.

Es hat Leute gegeben, erzählt man, die ausprobiert haben, was geschieht, wenn man Goldstücke in die Erde legt. Das Gold, das sie da gesät haben, hat blau geblüht, und sie haben es erst wieder ausgraben können, wenn sie Brösel über die blauen Feuerblumen gestreut haben.

Auch auf der Birnheide liegt ein Schatz. Aber der blüht selten.

Auch gewöhnliche Glut, die man auf einem Acker findet, kann einen Schatz anzeigen. Es war einmal ein Bursch, aus Wörterberg war er, der kam an einer Feuerstelle vorbei, wo noch ein wenig Glut war. „Da haben die Hüterbuben sich Erdäpfel und Kukuruz gebraten", dachte er, und weil er plötzlich Lust hatte, ein Pfeifchen zu rauchen, bückte er sich und zündete sich die Pfeife mit einem Stückchen der Glut an. Als er daheim die Pfeife ausklopfte, fiel ein Goldstück heraus.

Gleich lief er auf den Acker zurück und nahm einen irdenen Topf mit, dahinein wollte er alle Glut tun.

Aber er hat keine mehr gefunden. Und als er heimkam, da war das Goldstück auf dem Tisch auch weg.

Der Geist in der Unterhose

Wenn einer erschlagen wird, muss er umgehen, und er geht so lang um, bis seine Zeit gekommen ist. Das heißt, bis zu dem Tag, an dem er gestorben wäre, wenn ihn keiner erschlagen hätte. Dann muss er nicht mehr umgehen.

Einmal hat ein Bub so einen Erschlagenen auf den Feldern umgehen gesehen, in einer weißen Unterhose. Es war in der Nacht, und der Bub war Gurken stibitzen. Da hat er ihn gesehen, den Geist des Erschlagenen.

Er hat's niemand erzählt, nur seiner Mutter. Aber die hat gesagt: „Der tut dir nichts, der muss nur umgehen. Aber sein Tag wird kommen, dann hat er seine Ruhe."

Und dann hat sie die Gurken genommen, weil es doch keinen Sinn hat, wenn man gestibitzte Gurken auf das Feld zurückträgt, auf dem einer geistert.

Der Lindwurm von Klagenfurt

Wo heute die Stadt Klagenfurt liegt, war einmal nichts als sumpfige Wildnis. Die wenigen Menschen, die im Gebirge rundum wohnten, hüteten sich hinunterzusteigen, denn dort krochen giftige Nebel über den Sumpf und stiegen mitunter sogar ein Stück an den Berghängen hoch. Das geschah immer dann, wenn der Drache, der im Moor unten wohnte, seinen Kopf herausstreckte, sich nach Beute umsah und hungrig brüllte.

Manchmal verirrte sich ein Stück Vieh von den Bergwiesen in das breite, sumpfige Tal, in dem der Lindwurm hauste, aber kein Hirt getraute sich, das verlorene Tier zurückzuholen. Denn dass der Drache nicht nur Vieh, sondern auch Menschen fraß, wusste man aus früheren Zeiten. Damals waren einige Hirten und Holzfäller, die sich in die Nähe des Sumpfes gewagt hatten, aus dem nebeligen Giftdunst nicht zurückgekommen.

Als Herzog Karast von der Karnburg aus regierte, fanden seine Jäger, die durch die Wälder an den Berghängen streiften, eines Tages Spuren von ungeheuren Tatzen. Und dann und wann kam es jetzt vor, dass eine Kuh oder ein paar Schafe oder Ziegen sogar von den höher gelegenen Almwiesen verschwanden. Da wussten die Leute in den Bergen, dass der gefräßige Lindwurm immer gefräßiger und größer wurde und dass ihm nicht mehr genügte, was er unten am Sumpf sich an Beute fing. Sein Heulen und Schmatzen wurde immer lauter und kam immer näher, und die Menschen wurden immer verschreckter und wagten sich kaum mehr aus ihren Hütten.

Nun fasste der Herzog den Plan, bewaffnete Männer gegen das Ungeheuer auszuschicken. Er versprach ihnen hohen Lohn und ein Stück Land.

Ein paar Leute meldeten sich und wollten mit Lanzen und Schilden zum Sumpf hinuntersteigen. Schon von oben sahen sie den Lindwurm am Rand des Ufers im Schilf weiden. Er hatte Schuppen am ganzen Körper und einen langen, dicken Schwanz und im Kopf glühende Augen und im Maul furchtbare Zähne.

Als der Drache die Menschen heruntersteigen sah, fing er an zu zischen wie eine riesige Schlange. Dazu breitete er zwei Flügel aus, als wollte er sich gleich in die Luft erheben. Nun verstanden die Männer auf dem Berghang, wieso neuerdings auch von den höher gelegenen Almwiesen Kühe und sogar mächtige Stiere verschwanden. Sie flohen entsetzt wieder ins Gebirge hinauf und berichteten dem Herzog, der Lindwurm sei von der vielen Beute so kräftig geworden war, dass er nun auch fliegen könne. So berieten sie alle zusammen, ob sie nicht besser ihre Heimat verlassen und sich anderswo ansiedeln sollten. Da sagte einer: „Der Drache kann fliegen. Er wird uns verfolgen. Wir sind verloren."

Ein anderer aber sagte: „So ein Tier ist gefräßig, aber dumm. Vielleicht können wir es überlisten."

Nun ist es so, dass auch der gefräßigste Lindwurm manchmal schläft. Und je gieriger er ist und je mehr er im Magen hat, desto länger braucht er, um seine Beute zu verdauen.

Der Drache zog sich zum Schlafen in den Sumpf zurück, und die Männer stiegen den Hang hinunter, holten Steine und große Felsbrocken zusammen, bauten eine Art Turm daraus und warteten. Als sie merkten, dass der Lindwurm bald erwachen würde, um erneut nach Beute zu schnappen, holten sie den fettesten Stier, den sie hatten, und banden ihn als Lockspeise an den Turm. Aber vorher hatten sie ihm eiserne Widerhaken an die Hörner gebunden. Dann versteckten sie sich im Turm.

Als der Stier zu brüllen anfing, bewegte sich der Sumpf und der Lindwurm schoss hervor. Schnaubend und mit seinen mächtigen Flügeln und kräftigen Pranken das Wasser schlagend, kam er auf den Stier zu und schnappte nach seinem Kopf. Da biss er auf die Widerhaken.

Der Lindwurm kam nicht mehr los. Die Männer stürzten aus ihrem Turmversteck hervor und schlugen ihn mit eisernen Keulen tot.

Seither gibt es keinen Drachen mehr in der sumpfigen Gegend. Die Menschen kamen von den Bergen herunter, rodeten das wilde Gestrüpp und bauten sich Hütten und Häuser. Seit damals ist das Klagenfurter Becken besiedelt. In Klagenfurt steht zum Andenken an die Drachenzeit ein großer Lindwurm aus Stein, und außerdem hat die Stadt Klagenfurt den Turm und den Lindwurm im Wappen.

Die Näherin und der Teufel

In Maria Saal lebte eine arme Näherin, die musste drei kleine Kinder durchbringen, ganz allein, denn ihr Mann war gestorben. Sie nähte bis spät in die Nacht, aber das Geld reichte nie, und sie war schon sehr verzweifelt, als einmal der Teufel an ihre Tür klopfte.

Natürlich wollte der Teufel die Seele der Näherin haben. Weil er schon ausspioniert hatte, wie verzweifelt sie war, machte er sich nicht die Mühe, sich in ein schwarz-rotes Männchen oder einen feschen Junker zu verwandeln oder einen schnurrigen Kater, sondern klopfte in seiner wahren Teufelsgestalt an die Tür und trat ein, noch bevor die junge Frau „Herein!“ gesagt hatte.

„Verkauf mir deine Seele“, sagte der Teufel zu der armen Näherin, „dann hast du genug Geld.“

Die junge Frau aber sagte: „Ich verkauf meine Seele nicht. Nie im Leben!“

„Sieh dir doch deine Kinder an. Was hast du von deiner Seele, wenn deine Kinder verhungern?“, sprach der Teufel. „Verkauf sie mir! Deine Kinder können meinetwegen ihre Seelen behalten.“

„Und was zahlst du für meine Seele?“, fragte die Näherin und hörte auf zu nähen.

„Ein schönes Haus mit einer Kiste Gold darin, die nie leer wird“, antwortete der Teufel. „Mit Gold kannst du alles kaufen, was du für dich und deine Kinder haben willst!“

Die junge Näherin schaute auf ihre Kinder und ihre eigenen, zerstochenen Finger und hätte fast schon Ja gesagt, aber da blickten des Teufels Augen sie so gierig an, dass ihr dieses Ja im Hals stecken blieb.

„Das ist eine ganz zähe Seele“, dachte der Teufel, „die krieg ich am Ende doch nicht. Ich muss ihr noch ein Angebot machen.“ Und er sagte:

„Wir können um deine Seele auch wetten. Eine Wette kann man gewinnen. Um was wetten wir?“

Die Näherin dachte: „Da hat er recht. Eine Wette kann man gewinnen. Ich will es versuchen. Wenn ich die Wette verliere und meine Seele dem Teufel geben muss, werden wenigstens meine Kinder nicht mehr hungern und ein schönes Leben haben.“ Und es wurde ihr auf einmal heiß und kalt und sogar lustig zumute und sie sagte:

„Gut. Aber ich bestimme, wie die Wette geht!“

„Meinetwegen“, sagte der Teufel, weil er dachte: „Mit einer armen Mutter mit hungrigen Kindern werde ich leicht fertig.“ Da hörte er die arme Näherin sagen:

„Kannst du Hosen nähen?“

Der Teufel blickte sie verdutzt an und antwortete: „Selbstverständlich. Ein Teufel kann alles.“

Die Näherin schnitt zwei Hosen zu, beide gleich groß. Dann legte sie zu jeder zugeschnittenen Hose eine Spule Zwirn und eine Nähnadel und sagte: „Ich zähle bis drei. Wer die Hose als Erster fertig genäht hat, der hat gewonnen.“

Der Teufel lachte. Dann fädelte er ein. Einen langen Faden. Einen ganz, ganz langen Faden. Mit einem langen Faden, meinte er, müsste er nicht so viel Zeit mit Einfädeln verschwenden. Er stach also die Nadel mit dem überlangen Faden in den Hosenstoff und musste nach dem ersten Einstich zur Tür hinaus und ums Haus herum und dann dreimal um Maria Saal herumlaufen, bis er wieder bei der Hose war und den zweiten Stich beginnen konnte.

Die Näherin nähte, wie sie es gewohnt war, mit einem kurzen Faden, fädelte ein und nähte, und das ging sehr schnell, weil sie mit ihrem Faden nicht bei jedem Stich dreimal um Maria Saal herumlaufen musste.

Bei seinem dritten Stich sah der Teufel ein, dass es gescheiter war, mit einem kurzen Faden zu nähen, aber als ihm das einfiel, war er durch das ständige Herumlaufen schon so arg in den langen Faden verwickelt und verheddert, dass er kaum weiterkam. Als er endlich beim vierten Stich angelangt war, hatte die Näherin ihre Hose fertig genäht.

Der Teufel war jetzt so wütend, dass ihm höllische Flügel wuchsen, und er flatterte davon, so gut der verwickelte Zwirnsfaden das zuließ.

Die Kinder hatten sich vor Schreck in einen Winkel verkrochen. Ihre Mutter sagte: „Gott sei Dank, meine Seele hab ich noch!“ An die versprochene Kiste voll Gold dachte sie gar nicht.

Da kam plötzlich der Teufel zurückgebraust, warf eine Kiste durchs Fenster herein, in der es golden klirrte, und schrie: „Da hast du dein Gold! Das Haus kauf dir selber!“, und brauste wieder fort.

Die Näherin aber und ihre Kinder lebten von da an froh und glücklich.

Die hadischen Leut

Fast überall in den Kärntner Bergen haben früher einmal hadische Leut gewohnt. Das waren Riesen.

In der Nähe von Molzbichl im oberen Drautal stand eine Burg, in der eine Familie von Riesen wohnte. Einmal schaute ein junges Riesenfräulein aus dem Burgfenster und sah, wie unten auf einem Feld Bauern einen Erntewagen mit Getreidegarben beluden. Der Wagen war mit Ochsen bespannt. Kinder liefen herum und auch ein Hund, und Bäuerinnen sammelten zurückgebliebene Ähren in ihre Schürzen. Von oben sah das alles so putzig aus, dass das Riesenfräulein den Berg hinunterlief, um sich die kleinen Leutchen näher anzusehen.

Die Bauersleute waren keine Riesen. Sie waren Menschen, so groß, wie eben Menschen sind. Aber dem Riesenfräulein kamen sie wie Spielzeug vor. Das Fräulein kniete auf dem Feld nieder und sammelte alles, was dort krabbelte, fröhlich in ihre Schürze, auch den Hund und die Ochsen mitsamt dem Wagen. Dann sprang das Riesenfräulein nachhause. Dort schüttelte sie das vermeintliche Spielzeug aus ihrer Schürze und zeigte es ihren Eltern.

„Trag sie sofort zurück aufs Feld!“, sagten diese. „Wenn

die Bauern nicht auf den Feldern arbeiten, haben wir nichts zu essen!“

Das Riesenfräulein musste die Bauern, die Kinder, den Hund und das Ochsengespann aufs Feld zurücktragen, und die Bauern setzten dort gleich wieder ihre Arbeit fort.

Viele, viele hundert und hundert Jahre und noch länger lebten die hadischen Riesen und die Menschen recht friedlich miteinander.

Freilich waren die Riesen größer und stärker. Es fiel ihnen leicht, mit bloßen Händen Höhlen in die Berge zu graben, in denen sie dann wohnten. Später brachen sie mit ihren Riesenhänden Felsen aus dem Gebirge und bauten daraus ihre Burgen. Das störte die Bauern anfangs nicht, weil die Riesen ihnen halfen, Muren wegzuräumen und Lawinen fortzuschaufeln.

Mit der Zeit gab es immer mehr Menschen im Land. Die Riesen lebten weiter in ihren Löchern und auf ihren Burgen.

Die Riesen gruben in den Bergen auch nach Gold und Silber. Und weil sie viel größere Hände und auch viel mehr Kraft darin hatten, wurden sie reich und reicher. Die Menschen begannen zu murren, die Riesen nähmen ihnen alles Gold und Silber weg, aber sie wussten nicht, wie sie ihnen beikommen konnten.

Als die Menschen eines Tages Christen wurden, erfuhren sie, dass die Haden Heiden waren, weil „Had“ Heide bedeutet. Dies war ihnen gar nicht recht und sie wollten die heidnischen Haden vertreiben. Das war schwierig, weil die Haden ja um so viel stärker waren als die Menschen. Aber als eines Tages die Kanonen erfunden wurden, begannen die Menschen mit Kanonen auf die Burgen und Schlupflöcher der heidnischen Riesen zu schießen. Da zogen die Riesen weg.

Jetzt wohnen keine hadischen Leut mehr in den Kärntner Bergen. Aber dass sie dort gehaust haben, ist gewiss. Zu Pleßnitz und Kreuschlach hat man riesige Knochen gefunden, die dreimal so groß waren als Menschenknochen. Die Burgen Feistritz und Ödenfest haben den Riesen gehört und das Mühlbacher Schloss auch. Im Liesertal und im Maltatal weiß man, dass die Riesen bis nach Millstatt hinunter gesiedelt haben. Auf dem Malteiner Berg findet man einen hadischen Brunnen. Bei Hinterwinkel gibt es sieben in einem Felsen übereinander liegende Löcher, die „Heidenstuben“ heißen, und auch an anderen Orten findet man so genannte „Heidenlöcher“ oder „Heidentore“. Auch in den Heidenlöchern in den Feistritzgräben haben Hadische gehaust.

Heute gibt es keine Riesen mehr in Kärnten. Sie sind alle längst weggezogen.

Die Glocke im Wörther See

Wo heute der Wörther See sich ausbreitet, lag in alten Zeiten eine prächtige, mächtige Stadt. Wie die Sage berichtet, ging sie unter, weil ihre Bewohner eitel und hartherzig waren und sich um niemanden sorgten als um sich selber. Zwar gab es auch unter ihnen Menschen, die ihre Mitbürger ermahnten, nicht so selbstsüchtig zu sein, aber alle Mahner wurden aus der Stadt vertrieben.

Da kam eines Tages ein unscheinbares, grauhaariges Männlein. Es trug ein kleines Fass mit einem Hahn daran unter dem Arm und sagte:

„Ihr müsst euch ändern, sonst öffne ich diesen kleinen Hahn an meinem Fass und dann müsst ihr alle untergehen."

Keiner hörte ihm jedoch zu. Da öffnete das Männlein den Hahn an seinem Fässchen, warf dieses zur Erde und verschwand.

Nun brachen Wasserfluten aus dem Fässchen und aus dem Himmel. Donner rollte, dass die Berge wankten, und Wasser strömte tagelang aus dem Fässchen und aus dem Himmel.

Das Wasser stieg und stieg, und die prächtige, mächtige Stadt versank in den Fluten. Mit ihr versanken viele

andere Orte und Dörfer rings im Land. So entstand der Wörther See.

In den See zogen Muscheln und Fische ein, auch Wassermänner und Nixen, die wohnen jetzt unten in den prächtigen Häusern und Palästen der versunkenen Stadt.

Auch die kleine Glocke aus der Kapelle des Schlosses Loretto am Ostufer des Wörther Sees wohnt dort unten. Ein großer Seekrebs hockt auf ihr und bewacht sie.

Wie das Glöckchen in den See geraten ist?

Es ist selber hineingesprungen. Als nämlich die große Orgel im Schloss zur Reparatur nach Maria Saal gebracht wurde, war das Glöcklein so traurig über den Abschied von der Orgel, dass es vor Kummer in den See sprang.

Immer wieder haben Taucher versucht, die kleine Glocke heraufzuholen, doch der große Wächterkrebs hat alle vertrieben.

Man erzählt aber, dass im Rosental einmal ein Bauer leben wird, in dessen Stall Zwillingsstiere zur Welt kommen werden. Und die werden das Glöckchen aus dem Wörther See heraus- und auf die Matzen hinaufziehen.

Das Strohmandl von der Schintermuntalm

Zwei Hirten aus dem Gailtal haben auf der Plöcken Vieh gehütet, und ein Halterbub war mit oben. Die haben sich alle drei recht gut miteinander vertragen, aber manchmal hätt es lustiger sein können. Wenn die Arbeit vorbei war und sie haben schon gegessen gehabt, sind sie noch beieinander gesessen und haben geredet oder auch nicht, oder gesungen, aber das kann man auch nicht immer. Manchmal war ihnen recht langweilig.

Da ist einmal am Abend einem von ihnen eingefallen, ein Mandl aus Stroh zu machen, einfach so. Struppig hat's ausgeschaut, und grantig hat's dreingeschaut, aber was kannst du von einem Strohmandl schon verlangen? Als es fertig war, haben sie es einander zugeschupft und Fußball damit gespielt.

Wie das Mandl dann unter der Bank gesessen ist, noch struppiger und grantiger als vorher, da haben die beiden Männer zu dem Buben gesagt: „Bring's her!" Und dann haben sie das grantige Strohmandl auf den Tisch gesetzt, und es hat mitessen müssen. Sie haben es mit einem Löffel gefüttert, aber es hat nicht geschluckt. Und wie's dann ganz verschmiert war vom Brei oder was es war, haben sie es in einem großen Häfen voll Milch gebadet.

Denn zum Brunnen um Wasser hinausgehen, das wollte eigentlich keiner. Und so haben sie es von da an jeden Abend gemacht. Milch war ja genug da.

Man muss schon sagen, das Strohmandl ist eigentlich immer schöner geworden von dem Baden in der Milch, oder vielleicht haben sie es nur schon so gut gekannt, dass ihnen nicht mehr aufgefallen ist, wie borstig und struppig es war. Die Milch haben sie nach dem Baden immer beim Hüttenfenster hinausgeschüttet. Wer will denn schon Milch trinken, in der Strohstückeln schwimmen?

Einmal ist ihnen eingefallen, dass das Strohmandl noch gar keinen Namen hat, und haben es Hansl genannt.

Gegessen hat der Hansl noch immer nichts. Aber sie haben ihn weiter mit dem Löffel gefüttert und ihn nachher zum Baden in die Milch gesteckt.

Einmal am Abend war er nicht da. Sie haben ihn gerufen, aber er ist nicht gekommen. Da sind sie alle drei schlafen gegangen.

In der Nacht, der Bub hat schon fest geschlafen, ist den zwei Männern eingefallen, dass der Hansl ja noch kein Abendessen gehabt hat. Da sind sie alle zwei aufgestanden und haben für das Strohmandl eine große Schüssel Essen hingestellt.

Aber als sie wieder ins Bett gehen wollen, ist das Strohmandl auf einmal da, setzt sich vor die Schüssel und fängt an zu essen. Wirklich und wahrhaftig! Es isst und schmatzt und mampft.

Schrecklich war das! Die zwei Männer sind in die Schlafkammer gerannt und in ihr Bett gekrochen.

Es dauert nicht lang, kommt das Mandl nach und sagt sehr bös: „Das Essen war schon ganz kalt!“

Vor lauter Angst haben die zwei Hirten sich auf den Hüterbuben ausgeredet, der‘s hätt wärmen sollen.

Da hat das Strohmandl die struppigen Arme ausgestreckt und geschrien: „Euch find ich! Euch zerschind ich!“, und hat alle drei gepackt und aus dem Bett gerissen und aus dem Fenster geschmissen.

Dort war es aber rccht steinig.

Als die drei am nächsten Tag in der Früh draußen aufgewacht sind, waren sie ganz zerschunden und haben sich nur mühsam zusammengeklaubt.

Das Strohmandl war von dem Tag an verschwunden.

Die Sache hat sich dann herumgesprochen und die Leute haben gemeint, dass es der Schintermunt war, der die drei so zugerichtet hat.

Ja, und die Alm, auf der sich das zugetragen hat, heißt seit damals die Schintermuntalm.

Der Rattenfänger von Korneuburg

Ratten sind kluge Tiere. Sie lassen sich nicht leicht erwischen. Sie wissen, wo ihnen Gefahr droht, und teilen es den andern Ratten mit. Und sie sind sehr fruchtbar. Eine einzige Ratte bekommt mehrmals im Jahr bis zu zwanzig Junge, und die können, sobald sie drei Monate alt sind, auch schon Junge bekommen.

In früheren Jahren gab es noch viel mehr Ratten als heute. Damals gab es keine Müllabfuhr und keine Kanäle, alle Abwässer und alle Abfälle wurden aus den Häusern auf die Straße und in die Höfe geschüttet. Die Ratten fanden dort, was sie zum Leben brauchten. Sie kamen auch in die Keller und in die Küchen. In manchen Jahren waren es so viele Ratten, dass die Menschen sich nicht mehr zu helfen wussten.

In einem solchen schrecklichen Rattenjahr geschah es, dass der Bürgermeister von Korneuburg austrommeln ließ, es möge sich ein Rattenfänger melden, der das Städtchen von der Rattenplage befreien könne.

Ein Rattenfänger bot sich an, alle Ratten zu vertreiben, und erkundigte sich, wie hoch die Belohnung sei. Der Bürgermeister versprach dem Rattenfänger hundert Goldstücke.

„Gut“, sagte der Rattenfänger. Er holte eine schwarze Flöte aus seinem Wams und wanderte durch die Stadt Korneuburg. Er ging durch alle Gassen und Gässchen und flötete ein Lied für die Ratten. Er flötete in jeden Hausflur hinein, in jedes Kellerfenster. Er ging um jeden Abfallhaufen herum und flötete. Er ging in die Scheunen, stieg die Treppen in die Weinkeller hinunter und flötete in hohen und schrillen Tönen. Und die Ratten kamen gelaufen und gesprungen. Der Rattenfänger zog durch das ganze Städtchen Korneuburg, und die Ratten folgten ihm.

Der Rattenfänger ging zur Donau und stieg dort ins Wasser. Bis zu den Schäften seiner hohen Stiefel stand er im Donauwasser und flötete.

Die Ratten stürzten sich in den Fluss und schwammen auf ihn zu. Alle wurden sie von der Strömung in die Donau hinausgezogen und fortgeschwemmt.

Der Rattenfänger blies so lange auf seiner Flöte, bis die letzte Ratte stromabwärts verschwunden war. Dann kehrte er zurück zum Bürgermeister.

„Ihr habt gute Arbeit geleistet“, sagte der Bürgermeister. „Freilich, Gold ist sie nicht wert. Ein paar Kupfermünzen werden es auch tun.“

Der Rattenfänger aber forderte den versprochenen Lohn.

„Für das bisschen Geflöte?“, fragte der Bürgermeister.

„Noch dazu habt Ihr so scheußliche Töne geblasen, dass mir jetzt noch die Ohren davon wehtun."

„Den Ratten gefällt mein Spiel", antwortete der Rattenfänger. „Ich bin ein Meister im Rattenfang. Ihr müsst mir bezahlen, was Ihr mir versprochen habt."

Der Bürgermeister zählte ein paar Kupferstücke aus seinem Geldbeutel, drückte sie dem Rattenfänger in die Hand und sagte:

„Und jetzt verschwindet, sonst lass ich Euch vom Büttel aus der Stadt jagen."

In den Augen des Rattenfängers funkelte es zornig, aber er blieb ruhig, legte das Kupfergeld auf den Tisch des Bürgermeisters und sagte leise: „Hütet Euch!"

Dann ging er.

Wenige Wochen später kam ein Schiff die Donau heraufgefahren und warf vor Korneuburg Anker. Es war ein prächtiges, buntes Schiff voller fröhlicher Wimpel. Heraus stieg ein Musikant in einem roten Samtwams mit geschlitzten Ärmeln und in seidenen Hosen. Auf dem Kopf trug er ein mit Reiherfedern geschmücktes Barett. Der Mann ging in die Stadt hinein und durch alle Straßen, Gassen und Gässchen und blies auf einer goldenen Flöte. Es klang so lustig und traurig zugleich, dass alle Fenster aufflogen und alle Bewohner der Stadt den Kopf herausstreckten, um den wundersamen Tönen zu lauschen. Aus allen Häusern, aus allen Höfen aber kamen die Kinder gelaufen: Buben und Mädchen, und viele trugen ihre kleineren Geschwister, die noch nicht laufen konnten, auf dem Arm. Alle folgten sie dem Musikanten, der durch die Straßen Korneuburgs zog. Die Erwachsenen an den Fenstern schauten und lauschten, aber sie waren wie gebannt und konnten sich nicht regen, nur staunen.

Der Musikant mit der goldenen Flöte ging zur Donau hinunter, und alle Kinder von Korneuburg liefen hinter ihm her. Er bestieg das wimpelgeschmückte Schiff, und die Kinder folgten ihm. Als alle eingestiegen waren, wurde der Anker gelichtet und das Schiff fuhr die Donau hinunter.

Als es in der Ferne verschwunden war, kam noch ein Kind gelaufen, das nur rasch sein Jäckchen hatte holen wollen. Und noch ein Kind blieb zurück, das hatte nichts von der zauberischen Melodie vernommen, weil es taub war.

Die Kinder auf dem Schiff kamen nicht wieder. Es heißt, dass der Musikant mit der goldenen Flöte der Rattenfänger gewesen war und dass er die Kinder um genauso viel Gold verkauft hat, wie ihm vom Bürgermeister von Korneuburg versprochen worden und dann vorenthalten worden war.

König Löwenherz

Vor rund 900 Jahren hat man in einem Gasthaus in dem kleinen Dorf Erdberg bei Wien den König Richard Löwenherz von England gefangen. Er stand in der Küche und drehte den Bratspieß und sah gar nicht wie ein König aus. Er hatte sich als armer Pilger verkleidet, um nicht seinem Feind, dem Herzog Leopold von Österreich, in die Hände zu fallen. Sie hatten beide noch kürzlich im Morgenland gegen die Sarazenen gekämpft und zusammen die Festung Akkon erobert. Leopold war der erste Fürst gewesen, der seine Fahne, die Fahne Österreichs, auf der Festung aufsteckte. Das wollte Löwenherz nicht dulden. Er riss Leopolds Fahne von der Mauer und pflanzte seine eigene auf.

Diese Beleidigung konnte ihm Leopold nicht verzeihen. Er schwor Rache und ritt bald wieder heim nach Österreich. Der König von England aber blieb mit anderen Fürsten und Rittern noch eine Weile im Heiligen Land, um den Sieg über die Muselmanen gründlich zu feiern. Dieser Kreuzzug, man nennt ihn den dritten von sieben, brachte den europäischen Siegern reiche Beute. Aber es war auch ein grausamer Krieg mit vielen blutigen Opfern gewesen und hatte Hungersnot und Seuchen im Gefolge. Viele Ritter und Soldaten, die den Kampf überlebt hatten, starben an Krankheiten.

Nun entschloss sich Richard Löwenherz, mit den Seinen nach England heimzukehren, und bestieg ein Schiff.

Was er nicht vorausgesehen hatte, war ein schrecklicher Sturm, der sein Schiff an die adriatische Küste schleuderte. Der König musste nun auf dem Landweg heimkehren, und dieser Heimweg führte ein Stück über Feindesgebiet, nämlich über das Gebiet, in dem Leopold von Österreich Herr war.

Richard Löwenherz verkleidete sich also, um nicht erkannt zu werden, als Pilger und zog in armseliger Pilgerkleidung und mit Kapuze, die sein Gesicht beschattete, gegen Wien zu. Er kehrte, wie die Sage berichtet, in Erdberg in einem kleinen Gasthof ein. Richard reiste allein, um nicht mit größerem Gefolge aufzufallen.

Der König, der gewohnt war, Diener zu haben, die seinen Geldbeutel trugen, hatte kein Geld bei sich. So bat er murmelnd den Wirt, er möge ihn als Küchenjungen den Bratspieß drehen lassen und ihm dafür ein Stück Braten schenken.

Der Wirt erkannte den verkleideten König nicht, er hatte ihn ja nie gesehen. Aber in seinem Gasthaus kehrten auch etliche wilde Burschen ein, die im Krieg gewesen waren, und einer erkannte in dem Pilger, der den Bratspieß drehte, den König Richard Löwenherz von England.

Der König wurde verhaftet und in den Gewahrsam seines beleidigten Feindes Leopold gebracht. Dieser sperrte Löwenherz auf der Festung Dürnstein ein.

Leopold wollte Lösegeld für den König von England, und der Kaiser wollte ebenfalls Lösegeld für den königlichen Gefangenen haben. So dauerten die Verhandlungen recht lange, und Löwenherz saß in Dürnstein gefangen. In England hielt man den König, der aus dem Kreuzzug noch nicht in sein Reich zurückgekehrt war, für tot.

Nun wird erzählt, da wäre aber ein Diener des Königs, ein Spielmann namens Blondel, gewesen, der nicht an des Königs Tod glauben wollte. Blondel zog von einer Burg zur anderen und sang das Lied, das er und der König gern miteinander gesungen hatten.

Blondel sang vor vielen Burgen. Aber, so wird erzählt, erst vor Dürnstein war ihm das Glück hold. Er sang die erste Strophe des Liedes, und Richard Löwenherz in seinem Gefängnis sang die zweite Strophe dazu.

Blondel reiste nach England zurück und berichtete, dass der König noch lebe und dass man ihn befreien müsse. Und einige Zeit später kehrte König Richard Löwenherz nach Zahlung eines hohen Lösegelds nach England zurück.

Das Rosengärtlein des Ritters Schreckenwald von Aggstein

Der Ritter Schreckenwald, der auf Burg Aggstein an der Donau hauste, hieß eigentlich Georg Scheck am Wald. Den Namen „Schreckenwald" hat er sich erst durch seine grausamen Taten erworben.

Scheck am Wald war Kammerherr und Ratgeber des Herzogs Albrecht. Der hielt ihn für einen tapferen und klugen Ritter und gab ihm Aggstein zum Lehen.

Früher hatten auf Aggstein Raubritter gehaust, die man „die Hunde von Kuenring" nannte. Es waren die Brüder Hademar und Heinrich von Kuenring. Sie hatten Ketten über die Donau gespannt und damit Schiffe von Kaufleuten auf dem Fluss aufgehalten und beraubt. Aber sie beraubten nicht nur Schiffe. Sie überfielen auch kleinere und größere Ortschaften, sogar die Stadt Krems, und zündeten sie an.

Das konnte der damalige Herzog, Friedrich der Streitbare, nicht dulden. Er ließ die Raubritter von Kuenring gefangen nehmen und ihre Burg Aggstein zerstören.

Das alles geschah ungefähr zweihundert Jahre, bevor der Schreckenwalder die Ruine Aggstein zum Lehen bekam. Sieben Jahre lang mussten seine Untertanen für ihn Steine schleppen und bis zur Erschöpfung arbeiten, bis die Burg wieder als stolze Festung auf ihrem Felsen stand.

Er hatte das Recht, Schiffe anzuhalten und Geld oder Waren für die Durchfahrt zu verlangen. Wenn es ihm zu wenig schien, was die Kaufleute oder Schiffspassagiere geben konnten, machte er sie zu Gefangenen, bis sie ihm Lösegeld versprachen. Wenn einer nicht zahlen wollte oder kein Geld hatte, stieß der Raubritter ihn auf eine schmale Felsplatte hinaus. Dort sollte er verhungern oder sich aus Verzweiflung selbst hinabstürzen. Wie zum Spott nannte der Schreckenwalder das Felsenstück auch noch sein „Rosengärtlein".

Einmal fing er einen jungen Rittersssohn und stieß ihn, wie schon so viele, in sein Rosengärtlein hinaus. Der junge Mann verzweifelte jedoch nicht. Er blickte in den Abgrund hinunter und sah unten den dichten Wald, der den hohen Felsen umgab.

„Wenn ich Glück habe", dachte er, „fangen die Bäume mich auf", und sprang.

Er hatte Glück. Die Bäume fingen ihn auf.

So schnell er konnte, lief er zur nächsten Burg, und der Burgherr und andere Ritter sammelten sich und lauerten dem Ritter Schreckenwald auf. Sie nahmen ihn gefangen und brachten ihn vor Gericht, und der grausame Herr von Aggstein wurde geköpft.

Der Schleier der Markgräfin Agnes

Vor rund 1000 Jahren stand Markgraf Leopold III. von Babenberg, der später ein Heiliger und der Schutzpatron von Niederösterreich wurde, mit Markgräfin Agnes, seiner Gemahlin, auf dem Söller seiner neuen Burg auf dem Kahlenberg, der heute Leopoldsberg heißt. Die beiden schauten über den dichten Wald zur Donau hinunter. Es war windig, und die Markgräfin wollte eben ihren Schleier fester binden, da riss ihn ihr ein Windstoß aus den Händen. Es war ihr Brautschleier, wie die Sage berichtet.

Der Brautschleier der Markgräfin Agnes wurde weit über das Land geweht und sank irgendwo im Dickicht des Wienerwaldes nieder. Wochenlang ließ der Markgraf seine Jäger und Knappen nach ihm suchen, der Schleier fand sich aber nicht.

Markgräfin Agnes war sehr betrübt. Sie dachte, es könnte etwas Schlimmes bedeuten, dass ihr Brautschleier verloren gegangen war. Der Markgraf versuchte sie zu trösten, aber das half nicht viel. Da gelobte er, ein Kloster zu stiften, sobald der Schleier sich wiederfände. Doch der Schleier fand sich nicht.

Wie die Sage weiter berichtet, beschlossen Leopold

und Agnes nun, mit dem Klosterbau nicht zu warten, bis der Schleier gefunden war, sondern sogleich damit zu beginnen. Freilich, über den Ort, an dem das Kloster stehen sollte, konnten sich die beiden nicht einig werden, ganze acht Jahre lang nicht.

Bis Markgraf Leopold auf einer Jagd im Wienerwald, kaum eine Stunde weit von seiner Burg entfernt, auf einem Holunderbusch etwas Weißes flattern sah. Es war der Brautschleier seiner Gemahlin. Der Schleier hatte keinen Riss und keinen Fleck, obwohl er doch acht Jahre lang jedem Wetter auf dem Holunderbusch ausgesetzt gewesen war. Es war wie ein Wunder. Nein, es war ein Wunder.

Der Ort, an dem der Brautschleier der Markgräfin Agnes unversehrt gefunden worden war, sollte der Bauplatz für das Kloster werden. Das wurde er auch. Nach der neuen Burg des Markgrafen wurde das Kloster Klosterneuburg genannt.

Der kostbare Brautschleier der Markgräfin Agnes wird heute noch in einer gläsernen Vitrine im Stift Klosterneuburg aufbewahrt. Dort befindet sich zur Erinnerung an die Gründung des Klosters auch eine Monstranz, die einem Holunderstrauch nachgebildet und mit Blüten aus hellen Perlen verziert ist.

Wie der Teufel Frösche fing

In der Gegend von Raabs an der Thaya lag einmal ein kleiner Waldsee. Zur Zeit der Wasserrosen war er besonders schön. An den Sommerabenden hockten auf den Teichrosenblättern Frösche. Viele Frösche. Ihr Gesang war von weitem zu hören.

Es gab jemanden, der immer wieder zu dem kleinen See wanderte, und das war der Schneider von Liebnitz.

Der Schneider war ein ordentlicher und flinker Schneider, der recht gut von seiner Arbeit hätte leben können. Doch er wollte nicht den ganzen Tag lang immerzu im Schneidersitz hocken und sticheln. So kaufte er sich eine Geige und wurde Spielmann.

Freilich stichelte er dann und wann immer noch, aber das Geld, das er damit verdiente, reichte nicht zum Leben, und das, was er als Spielmann dazuverdiente, reichte auch nicht. So hatte der Schneider eigentlich immer Hunger.

Wer hungrig ist und kaum zu essen hat, träumt oft, er hätte was zu essen, und zum Träumen war der kleine Waldsee ein guter Ort. Als der Schneider eines Abends dahin unterwegs war und den See schon im Abendlicht blinken sah, erblickte er einen Baumstumpf am Seeufer, der sonst nicht dort war. Und als er hinkam, war der Baumstumpf der Teufel.

„Hast du Hunger?“, fragte der Teufel und hielt ihm eine große Wurst vor die Nase.

Die Wurst duftete.

Schnapp – hatte der Schneider ein Stück davon abgebissen.

„Jetzt gehörst du mir!“, sagte der Teufel. „Nächstes Jahr um diese Zeit hol ich dich. Die Wurst kannst du behalten, und Brot kriegst du dazu, wie auch einen Beutel Geld!“ Und schon lag das alles im Gras neben dem hungrigen Schneider, und der Teufel verschwand.

Der Schneider aß die Wurst auf und das Brot und steckte den Beutel ein. Als der erste Hunger gestillt war und er wieder klar denken konnte, wurde dem Schneider doch bang.

„Ein teuflischer Teufel ist das!“, dachte er und ging recht verzweifelt nach Hause. Hinter ihm musizierten die Frösche, als wollten sie ihm Mut machen. Sie konnten den Schneider gut leiden, denn er hatte noch nie versucht, Steine nach ihnen zu werfen oder einen von ihnen zu fangen.

Gleich am nächsten Tag stellte der Schneider zwei Gesellen ein, die für ihn stichelten, und er zahlte sie gut, weil er wusste, wie der Hunger schmeckt, und außerdem hatte er ja genug Geld. Denn teuflischerweise wurde sein Beutel nie leer.

Der Schneider kaufte sich neue Saiten für seine Geige. Manchmal ging er am Abend zu dem kleinen Froschsee hinaus und spielte im Froschkonzert mit und vergaß über alldem den Teufel.

Der kam aber pünktlich ein Jahr später zu dem kleinen Waldsee. Am Ufer dort saß der Schneider und träumte vor sich hin.

„Da bin ich“, sagte der Teufel. „Du kommst jetzt sofort mit in die Hölle!“

Die Frösche quakten aufgeregt, und dem Schneider war es auf einmal, als verstünde er, was sie meinten. Plötzlich war ihm nicht mehr bang, denn ihm fiel ein, dass schon so mancher den Teufel überlistet hat und wie er selber das tun konnte. Also sagte er zum Teufel:

„Du willst der Teufel sein? Das musst du mir erst beweisen!“

Der Teufel erschrak. Einer, der gewohnt ist, dass alle vor ihm zittern, kommt leicht aus der Fassung, wenn jemand es nicht tut.

„Pass auf!“, sagte nun der Schneider zum Teufel. „Wenn du bis Mitternacht alle Frösche aus dem See herausfängst und nachzählst, glaub ich dir, dass du wirklich der Teufel bist, und geh mit dir.“

Der Teufel fing sogleich an, die Frösche aus dem Teich zu fangen. Jeden Frosch setzte er ans Ufer und den nächsten daneben und den nächsten wieder

daneben, und so weiter. „Wenn sie alle beisammen sind, zähl ich sie nach“, sagte er, und fing weiter einen Frosch nach dem andern aus dem Wasser und setzte sie alle nebeneinander ans Ufer. Alle, auch die ganz kleinen. „Bis Mitternacht bin ich leicht damit fertig“, sagte der Teufel.

Aber die Frösche blieben nicht am Ufer sitzen. Sie sprangen – plitsch und platsch und plitsch und platsch – in den Teich zurück.

Es war noch gar nicht Mitternacht, als der Teufel einsah, dass er diese Seele nicht fangen konnte. So dumm ist der Teufel wieder nicht, dass er nicht einsieht, wenn er verloren hat.

„So was wie dich können wir in der Hölle nicht brauchen“, fauchte er den Schneider an, „behalt deine Seele!“, und verschwand.

Der Schneider aber blieb am Ufer sitzen und der Mond schien und die Wasserrosen leuchteten und die Frösche quakten ihr schönstes Konzert.

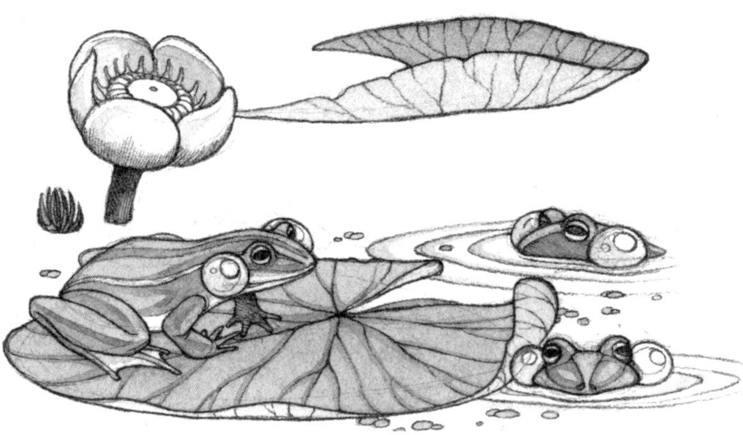

Die Rache der Franzosen

Als die Franzosen im Jahr 1809 durch Schwarzenbach an der Gölsen zogen, verschanzten und versteckten sich etliche Bauern, besonders die auf der Kreisbacher Höhe, im Gesträuch und hinter Felsen und warteten dort auf ihre Feinde. Und als dann ein Trupp Franzosen kam, die Gewehre über den Schultern, müde vom Kämpfen und nur bedacht, bald ins Ruhelager zu kommen, schossen die Bauern aus ihren Verstecken hervor und töteten viele der feindlichen Soldaten. Der Geißelhofer und der Bromberger schossen allein zwölf Franzosen nieder. Die toten Feinde wurden heimlich im Wald verscharrt. Gleich darauf kamen aber frische französische Truppen. Die haben den Geißelhofer mit der Schaufel erwischt, als er gerade einen toten Franzosen vergrub. Sie banden ihn an ein Pferd, und der Geißelhofer wurde so bis St. Pölten geschleift und dort erschossen.

Den Bromberger haben sie nicht entdeckt, der kam davon.

Der Krieg war schon lang aus, und der Bromberger dachte immer seltener und eines Tages gar nicht mehr an die unseligen Taten, die damals geschehen waren.

Das war in einer Weihnachtsnacht.

Er hatte aus dem Franzosenkrieg eine Beinverletzung heimgebracht, die es ihm schwer machte, weit zu gehen. Als er nun wieder einmal nicht zur Christmette ins Dorf hinuntergehen konnte, wie die anderen, blätterte er in einem Kalender und erinnerte sich, wie das Wetter in diesem vergangenen Jahr gewesen war, und überlegte, was und wo und wann er etwas anbauen würde im nächsten Frühjahr. „Im Frühjahr gehört dann auch das Dach gerichtet", dachte er und sann noch über allerhand anderes nach, sodass er noch wach saß, als er die Mitternachtsglocken vom Dorf her läuten hörte.

Kaum war der letzte Schlag verklungen, hörte der Bromberger draußen vor dem Haus Schritte und wie sich jemand vor der Tür den Schnee abputzte, und noch einer und noch einer und noch welche – und dann flog die Tür auf.

Herein kamen die zwölf toten Franzosen. Sie kamen nicht als zwölf Gerippe, nein, sie kamen lebendig. Sie hatten zwar ihre Stiefel abgeputzt, aber ihre Uniformen waren noch voll von dem Dreck von damals, und sie selber sahen noch müder aus als damals.

Aber sie schritten stramm zur Tür herein, mit aufgepflanzten Gewehren, stellten sich um den Tisch, an dem der Bauer saß, stießen mit den Gewehrkolben auf

den Fußboden und blieben dann reglos stehen. Ihre verglasten Augen starrten den Bauern an, und das war schrecklich. Denn wenn sich die toten Feinde jetzt auch nicht mehr regten, so durchstachen sie ihn doch mit ihren Blicken, dass er dachte, er müsste gleich sterben. Er starb aber nicht. Er wagte nicht sich zu rühren, er wagte nicht einmal die Augen zu schließen, er musste das Schreckliche anschauen und fühlte plötzlich, wie das sein muss, wenn einem das Herz zu einem Klumpen Eis wird.

Das alles dauerte eine volle Stunde. Endlich schlug es eins und die Franzosen wandten sich von ihm ab und marschierten zur Tür hinaus, alle zwölf.

Der Bromberger saß da mit glasigen Augen, und so saß er, bis es draußen hell wurde von den Laternen, mit denen seine Angehörigen heimkamen. Er konnte sich erst wieder rühren, als seine Frau sagte: „Du bist noch auf, Vater? Ja warum denn? Ist was geschehen?“

Aber er konnte nicht darauf antworten, weil er dachte: „So was kann man nicht erzählen, das glaubt einem doch niemand.“

Die drei Sessel

An der Stelle, wo Bayern, Böhmen und Österreich aneinander grenzen, liegt der Dreisesselberg. Ganz oben stehen drei Sessel aus Stein, jeder in einem anderen Land. Der Sage nach sind sie die drei Sessel, auf denen die Könige der drei oben genannten Länder saßen, wenn sie, jeder in seinem eigenen Land sitzend, miteinander Rat hielten.

Eines Tages saßen sie wieder dort und redeten und redeten. Weil nun eine solche Ratssitzung tagelang dauern konnte, gingen einige Herren aus dem Gefolge der drei Könige inzwischen miteinander zum Plöckensteiner See fischen. Im See schwammen sonderbare Forellen. Sie hatten feurige Schuppen und um die Mäulerchen trugen sie rote Tupfen. Die wunderlichen Fische kamen ans Ufer geschwommen und drängten sich nahe zusammen. Die Herren mussten ihre Angeln gar nicht auswerfen, denn die Forellen sprangen ihnen in die Hände. Da sagte einer: „Denen ist wohl langweilig in ihrem finsteren Wasser, die wollen in unserer Pfanne brutzeln!“

Und wahrhaftig, kaum dass das Fett in der Pfanne über dem Lagerfeuer heiß war, sprangen die Forellen hinein und führten dort Freudentänze auf.

Den Herren aus dem Gefolge der drei Könige wurde es unheimlich.

Und dann geschah etwas, das fast noch schrecklicher war als der fröhliche Forellentanz in der Bratpfanne: In dem tiefen Wald rundum bewegte sich plötzlich kein Ästlein, kein Blättchen, kein Windhauch regte sich. Aber gleich darauf erhob sich aus der Tiefe des finsteren Plöckensteiner Sees ein Sausen und Brausen. Wellen schlugen heftig ans Ufer und eine Stimme rief: „Es sind noch nicht alle zuhause!"

Den Herren aus dem Gefolge der drei Könige stiegen die Haare zu Berge. Der Beherzteste unter ihnen ergriff die Bratpfannc mit den tanzenden Forellen und leerte sie eilig in den See. Dieser zischte und brauste noch eine Weile. Erst als alle Fische in der Tiefe verschwunden waren, glättete sich der Spiegel des Sees und der Wald regte sich wieder. Hinter einem Busch hervor hüpfte ein Moosweibchen, uralt und mit hellen Augen, und sagte zu den Herren: „Meldet euren Königen auf ihren drei Sesseln, wir brauchen sie nicht! Der Wald ist älter als sie und weiser." Dann verschwand das Weiblein.

Die Herren saßen eine Weile wie betäubt, dann gingen sie zu ihren drei Herrschern zurück auf den Dreisesselberg und berichteten ihnen, was sie erlebt hatten und was das Moosweiblein gesagt hatte. Da erhoben sich die drei Könige von ihren drei Sesseln und gingen fort und kamen nie wieder.

Die Sage vom „Toten Schnee“

Hoch oben auf dem Dachstein lag einst eine Alm, so schön und reich wie sonst keine im Umkreis. Dort wirtschaftete eine Sennerin ganz allein. Nur einen Halterbuben hatte sie bei sich. Der war noch sehr jung, aber er fand doch vieles nicht recht, was die Sennerin tat. Er wagte aber nicht, etwas darüber zu sagen, denn sie schrie ihn immer gleich an, wenn er ungefragt redete, und schlug ihn beim kleinsten Versehen. Er fürchtete sich vor ihr. Wie hätte er es wagen sollen, sie zu fragen: „Ist's nicht schade um die Käselaibe, die du vor die Hütte legst wie Pflastersteine, nur damit wir bei Regen drübergehen können, ohne uns die Füße kotig zu machen? Warum schmierst du deine Schuhe mit Butter ein und badest jeden Tag in Milch? Und wenn's durch einen Spalt zieht, warum verstopfst du ihn nicht mit Fetzen oder Moos, sondern nimmst den besten Topfen dazu?“

All das hätte der Hüterbub gern gefragt, aber er wagte es nicht, die Sennerin zu erzürnen. Er war armer Leute Kind und hatte früh lernen müssen, dass die Armen jedes Stücklein Brot umdrehen, bevor sie es in den Mund stecken, und dass sie das Brot oft erst hart werden lassen, weil man dann länger daran zu kauen hat. Es tat dem jungen Buben im Herzen weh, wenn er an seine Eltern dachte. Wie gern hätte er ihnen von dem guten Essen, das die Sennerin verschwendete, etwas ins Tal gebracht!

Aber all das wagte er nicht.

Eines Tages kam ein Männlein, das der Hüterbub noch niemals gesehen hatte, auf die Alm heraufgestiegen. Das Männlein sagte zu ihm: „Geh fort von hier, so schnell du kannst. Gleich wird ein großer schwarzer Hund kommen und dich von dieser Alm wegführen. Geh ihm nach. Umschauen sollst du dich aber nicht!“

Das Männlein sprach ganz sanft und der Hüterbub fasste Vertrauen zu ihm. Er fürchtete sich auch nicht vor dem großen schwarzen Hund, der gleich darauf gesprungen kam. Der Hund kläffte leise, als wollte er sagen: „Komm mit!“, und der Halterbub konnte nicht anders als ihm folgen. Freilich hätte er sich gern einmal umgesehen und gewusst, warum das Männchen es ihm verboten hatte.

Dann hat er’s aber doch nicht mehr ausgehalten und wandte den Kopf und sah die Sommerluft von Schneeflocken funkeln. Da erschrak der Junge, denn auf dieser Alm hatte es noch nie im Sommer geschneit! Er wollte schnell weiterlaufen, aber seine Augen waren wie blind von dem unheimlichen Geflimmer. Da fühlte er die warme Nase des Hundes an seiner Hand.

Er griff in das zottige Fell des Tieres, und der Hund führte ihn weiter talwärts, bis der Bub wieder sehen konnte.

Auf der Alm aber schneite es weiter, und es wurde mitten im Sommer kalter und kältester Winter, der nie mehr verging. Die Sennerin ist erfroren und mit ihrer Hütte für immer eingeschneit. Heute liegt dort das Karlseisfeld.

Der Hüterbub ist zu seinen Eltern gegangen und hat ihnen alles erzählt und sie haben ihm alles geglaubt. Er hat bald eine andere Alm gefunden, wo er Vieh hüten durfte, aber die Almleute dort sind mit der Milch und der Butter und den Käselaiben nicht so umgegangen wie die Sennerin von der Alm unter dem Karlseisfeld.

Und weil dort weit und breit nie wieder etwas gewachsen ist, nennen es die Leute auch „Toter Schnee".

Das Schneiderschlössel

In der Ruine Krempelstein bei Esternberg hat einmal ein Schneider gehaust, der viel in der Umgebung herumzog, „auf die Stör", wie man das nennt. Er ging zu den Bauern, blieb einen oder mehrere Tage und nähte und flickte, was in dem Haus zu nähen und flicken notwendig war. Der Schneider nahm immer seine Geiß mit, die ihm oben in der Ruine Gesellschaft leistete.

Der Schneider hatte, seit er kein Kind mehr war, immer allein gelebt. Manchmal träumte er von einem Mädchen, dem er einmal im Dorf unten begegnet war. Sie lachte ihn freundlich an, und da grüßte er sie und dann gingen beide jeder für sich nach Hause.

Er träumte von dem Mädchen lange Zeit, denn sie gefiel ihm, weil sie so freundlich und lieb zurückgegrüßt hatte. Als er sie das nächste Mal traf, fragte er sie, ob sie seine Frau werden wolle. Da sagte sie Nein.

Dem Schneider war, als würde er aus allen Wolken fallen, aber er wagte es nicht, sie zu fragen, warum sie ihn abwies. Stumm ging er zu seiner Ruine zurück und auf dem ganzen Weg fragte er sich, warum sie ihn denn nicht wollte. Vielleicht war er ihr zu wenig hübsch. Oder zu dünn. Oder war er ihr zu arm? Ein Schneider wie er verdiente ja nicht viel. Oder wollte sie nicht mit ihm in einer Ruine wohnen?

Wie es auch war, er saß wieder wochenlang oben auf dem Grasfleck vor der Ruine Krempelstein und nähte, und neben ihm stand die Geiß und zupfte Gras und Blätter. Sie meckerte ihm manchmal freundlich etwas zu und dann strich er ihr über das Fell und sagte irgendwas zu ihr, was sie freute. Langsam gewöhnte sich der Schneider daran, dass er einsam war und blieb. Dann und wann ging er auf die Stör nach Hub oder Esternberg, nach Pyrawang oder nach Kasten. Manchmal rief man ihn nach Obernzell, dann musste er mit der Überfuhr die Donau überqueren, und auch dahin nahm er die Geiß mit, denn er wollte nicht mehr ohne sie sein und sie auch nicht allein bei der Ruine zurücklassen.

Er wurde älter und seine Geiß wurde alt. Geißen haben kein so langes Leben wie Menschen. Der Schneider aber dachte nie daran, dass seine Geiß früher sterben würde als er selbst, und war zu Tode erschrocken, als sie eines Morgens krank und todesmüde auf dem Gras lag und ihn anschaute, als wäre sie gar nicht mehr da. Und dann ist sie gestorben.

Einen Tag und eine Nacht saß der Schneider neben ihr und weinte um sie. Rund um ihn war alles wie sonst, der Wind, der über den Berg strich, das Gras, der Sonnenschein und der Mondschein, alles war wie sonst. Nur seine treue Geiß, seine einzige Gefährtin, war und blieb tot.

Da wollte er sie begraben.

Er konnte sie aber nicht begraben, denn der Boden war hart und voller Steine. Da ging er zum Rand des Hügels und blickte die Felswand hinunter, die zur Donau steil abfiel, und dachte: „Ich will sie in der Donau begraben!"

Er trug die Geiß an den Rand des Felsens, um sie zur ewigen Ruhe hinunter in den Strom fallen zu lassen.

Aber da verhakten sich die Hörner der Geiß in seinem Wämslein. Ihr Gewicht zog ihn mit und sie stürzten beide in den Tod.

Manchmal aber, wenn der Mond hell scheint, sieht man den Schneider oben auf der Ruine Krempelstein sitzen und nähen, und neben ihm steht die Geiß und zupft Gras und Blätter.

Die Leute in der Umgebung nennen die Ruine Krempelstein „das Schneiderschlössel".

Die Gründung der Abtei Kremsmünster

Wo heute die Abtei Kremsmünster steht, war einstmals fast nur Wald. Dieser Wald war voll von Bären, Wölfen, Wildschweinen und anderem Wild, das zum Jagen lockte. Gunter, der junge Sohn des Herzogs Tassilo von Bayern, jagte gern im Kremstal, das damals zum Herrschaftsbereich seines Vaters gehörte. Gunter war jung und oftmals tollkühn. So kam es, dass er eines Tages einen riesigen Eber, der in der Gegend gesichtet worden war, ganz allein zur Strecke bringen wollte. Den Jagdspieß in der Hand ritt er seinen Jagdgesellen weit voraus, um dem Eber als Erster zu begegnen. Er ritt so schnell, dass er seinen Jagdgefährten bald außer Sicht geriet. Er hörte sie nach ihm rufen, freute sich, dass es ihm geglückt war, ihnen zu entwischen, und meldete sich nicht.

Den Jagdspieß in der Hand durchstreifte Gunter den wilden Wald. Als sein Pferd im Dickicht nicht weiterkam, stieg er ab und ging zu Fuß. Einige Zeit darauf hörte er es in seiner Nähe knurren und schnaufen, und schon brach der riesige Eber aus einem Gebüsch. Gunter hob seinen Spieß und schleuderte ihn gegen das wütende Tier und verwundete es im Nacken, was den Eber noch wütender machte. Mit seinen spitzen, starken Hauern stürmte er auf den jungen Sohn des Herzogs los und verwundete ihn tödlich. Im selben Augenblick wurde Hundegebell hörbar und der Eber flüchtete.

Gunters Jagdgefährten suchten den Unglücklichen mit den Hunden und fanden ihn tot. Sie schickten sogleich Boten nach Herzog Tassilo. Als dieser kam und seinen toten Sohn erblickte, fiel er neben Gunter in die Knie und fing an zu beten. Sein Gefolge schickte der Herzog fort, denn er wollte mit seinem Kind allein sein. Der Tag verging, und als der Abend kam und es dunkel wurde, kniete der Herzog noch immer neben seinem toten Sohn.

Da brach plötzlich ein heller Lichtschein aus dem Wald. Als der Herzog aufblickte, trat aus dem finsteren Waldesdickicht ein schneeweißer Hirsch. Zwischen den Spitzen seines leuchtenden Geweihs brannte ein rot flammendes Kreuz. Nur kurz stand der weiße Hirsch neben Vater und Sohn, dann trat er in die Dunkelheit des Waldes zurück.

Für Herzog Tassilo war die Erscheinung des weißen Hirschen ein Wink des Himmels, seinem Sohn an dem Ort seines Todes ein frommes Denkmal zu setzen. Zuerst ließ er dort, wo Gunter verblutet war, eine Kapelle aus Holz aufstellen. Später wurde anstatt dieser eine Kirche errichtet, in der Gunter beigesetzt wurde. Aus dieser Kirche wurde dann die prächtige Benediktinerabtei Kremsmünster.

Das geschah vor über tausend Jahren, anno 777.

Das Natternkrönchen

In Geinberg war Kirtag. Es wurde getanzt, gesungen und getrunken. Auch aus der engeren und weiteren Umgebung kamen Kirtagsbesucher, darunter auch einige Burschen aus St. Georgen. Die feierten schon seit der Früh und trieben allerlei Späße.

Bei einem kleinen Teich in der Nähe ließen sie Steine über das Wasser springen. Am Uferrand suchten sie besonders gut geeignete flache Steine, und einer von ihnen fand einen Stein, der wie ein Ringlein geformt war und golden blinkte.

„Haltaus, das darfst du nicht ins Wasser schmeißen", rief einer der Burschen dem Finder zu. „Das ist ein Natternkrönchen!"

„Renn, renn", schrie ein Zweiter, „dass sie dich nicht erwischt!"

Der Bursche rannte, so schnell er konnte, und die anderen rannten ihm nach. Jeder von ihnen wusste, dass man mit einem Schlangenkrönlein reich werden kann und dass alles, zu dem man es legt, immer mehr wird: Geld vermehrt sich, legst du's zum Geld, Mehl häuft sich, legst du's zum Mehl, und so weiter.

Wer eine Natternkrone findet, muss aber dazusehen,

dass er aus dem Herrschaftsgebiet der Schlangenkönigin beizeiten über die Grenze entkommt, sonst ergeht es ihm schlecht.

So rannten sie alle, obwohl ja nur einer von ihnen die Krone bei sich hatte. „Wer weiß“, dachten die Burschen, „vielleicht greifen die vielen Schlangen, die der Königin dienen und sie beschützen, auch die Freunde eines Kronenräubers an!“

Da hörten sie auch schon ein lautes Zischen in der Luft und wandten sich um und sahen hunderte von Schlangen pfeilschnell daherkommen. Der Dieb, der ja am meisten Angst hatte, lief besonders schnell und befand sich schon viel weiter vorn als seine Freunde. Die Schlangen beachteten die übrigen Burschen gar nicht. Als sie den Kronendieb erreichten, wanden sich einige Schlangen um seine Beine, sodass er stolperte und niederfiel. In seiner Angst warf er das Schlangenkrönlein weit von sich.

Da ließen sie von ihm ab. Sie nahmen das Krönlein und brachten es ihrer Königin.

Aufgeregt und ganz erschöpft kamen die St. Georgener Burschen wieder beim Kirchenplatz von Geinberg an und berichteten, was geschehen war. Sogleich holten ein paar Männer ihr Gewehr, um die Schlangen zu verfolgen und ihnen das Krönchen wieder abzujagen.

Als sie aber zu dem kleinen Teich kamen, an dessen Ufer der Bursch das Natternkrönchen gefunden hatte, war weit und breit nichts von Schlangen zu sehen.

An diesem Tag sind die Schlangen von Geinberg mit ihrer Königin weggezogen und nie wiedergekommen.

Das letzte Weidenmännchen

Im Mühlviertel gab es früher viel mehr Auen als heute und viel mehr Weidenbäume an den Bächen und Tümpeln dort. In fast jeder der alten Weiden mit den dicken Köpfen wohnte ein Weidenmännchen.

Ein solcher Weidenzwerg hatte viel zu tun. Vor allem musste er Flöte blasen auf einer Flöte, die er sich selber aus einer Weidenrute geschnitten hatte. Wenn ein Weidenzwerglein auf einem Weidenzweiglein flötend in seinem Weidenbaum saß, wussten alle Tiere, die in der Au lebten, dass kein Jäger und kein Störenfried in der Nähe war. Wenn aber Gefahr drohte, riefen die Flötentöne die Hasen und Rehe und anderen Tiere zu einer alten Weide, die ihre Zweige besonders tief senkte und ein gutes Versteck bot. Und manchmal blies ein Weidenmännchen auf einem Grashalm, und auch dies bedeutete eine Botschaft, die man freilich heute nicht mehr weiß. Vielleicht war es nur eine Begleitung für den Gesang der Mücken.

Mit der Zeit hatte ein großes Stück der Au Feldern und Äckern Platz gemacht.

Einmal kam ein Bauer in die Au, dessen Kühe in der Nähe des größten alten Weidenbaums grasten, und besah sich die Gegend genau. Denn ein großes Stück Boden dort gehörte ihm. Er hatte schon viele Weidenbäume gerodet und Gräben gezogen, um das Wasser abzuleiten und ein Stück Land trockenzulegen, und damit neues Ackerland gewonnen.

Als er näher kam, hörte das Weidenmännchen zu flöten auf und verhielt sich ganz still, und so konnte der Bauer es nicht musizieren hören. Er ging zu dem alten Weidenbaum hin und sah, dass er hohl war und da und dort ein wenig faulig. Da sagte er laut zu sich selber:

„Die muss auch weg!"

Das Männlein in der Weide konnte einen leisen Ruf des Schreckens nicht zurückhalten, und diesen hörte der Bauer.

Er ging näher und wollte wissen, was aus dem Baum gepiepst hatte, und griff in die Höhlung hinein. Da krabbelte etwas drin und er zog es heraus.

„Na so was, gibt's wirklich noch Weidenmännchen", sagte er. „Ich hab gedacht, ihr seid schon alle ausgestorben!"

„Lass mich los!", rief das Weidenmännchen. „Und was soll denn das heißen: Die muss auch weg!"

„Das heißt, dass sie weg muss, die alte Weide!", antwortete der Bauer.

„Und wo soll ich wohnen?", fragte der Weidenzwerg.

„Morgen komm ich mit dem Knecht und Wagen und Pferden, und wir fangen an die letzten Weidenbäume zu roden“, sagte der Bauer. „Wenn du nicht weißt, wo du wohnen sollst, dann komm zu mir in die Scheune. Und wenn noch ein paar andere von euch da sind, die dürfen auch bei mir einziehen. Es ist Platz genug! Abgemacht?“

Das Weidenmännchen antwortete ihm nicht, und der Bauer meinte, es wäre einverstanden, und ging für diesen Tag nach Hause.

Am nächsten Morgen kam er wieder mit einem Knecht und dem Wagen und mit Sägen und Hacken und anderen Geräten und hieß den Knecht, als Erstes zu der großen alten Weide zu fahren und sie zu fällen und ihr Holz und ihren Strunk gleich dort auf den Wagen zu laden, damit sie es nicht bis zum Feldweg schleppen müssten.

Der Knecht lenkte Pferde und Wagen bis zum Rand der feuchten Auwiese, aber dort kam er nicht weiter. Die Pferde blieben stehen und wieherten ängstlich und wollten zurück. Der Knecht sprang vom Wagen, um das Hindernis zu erkunden. Da rutschte er aus und fiel auf ein Heer von Fröschen und Kröten, die aus der Au dahermarschiert kamen. Jetzt sah auch der Bauer das glitschige Hindernis und schüttelte den Kopf.

Auf einem der obersten Zweige der alten Weide saß der Weidenzwerg und blies schrill auf einem Grashalm.

„Da ist nichts zu machen“, meinte der Knecht. „Der Kleine ist uns über, scheint mir!“

„Gehen wir heim“, sagte der Bauer. „Ich werd mir was ausdenken, wie wir diesen Weidenzwerg aus der Au wegschaffen! Morgen kommen wir dann wieder her.“

Am nächsten Morgen sagte der Bauer: „Ich werde hingehen und ihn mit meinem Schnäuztuch fangen, du wirst schon sehen!“

Aber als sie mit den Pferden und Wagen gefahren kamen, war die ganze Auwiese voll Schlamm und glitzerte von toten Fischen.

„Bauer“, sagte der Knecht, „da kommen wir heut auch nicht hin. Willst dir noch was ausdenken?“

„Ja“, sagte der Bauer. „Mir wird schon was einfallen. Gehen wir.“

Als sie am dritten Tag zurückkamen, wieder mit Pferd und Wagen, war der Schlamm noch weiter gestiegen. Auf dem alten Weidenbaum saß der Weidenzwerg, die Flöte in der Hand, und rief:

„Soll ich dir was vorspielen, Bauer? Dann sag’s!“

„Komm her, ich möcht mit dir reden“, rief der Bauer zurück.

„Komm doch du her!“, antwortete das Weidenmännlein. „Und reden tu ich nur mit dir, wenn du meinen Weidenbaum stehen lasst. Es ist eh der letzte!“

„Du musst auch einsehen, dass ich Land brauch!“, sagte der Bauer und stapfte durch den Schlamm zu der alten Weide hinüber. „Willst jetzt mit mir reden?“, fragte er.

„Gleich“, antwortete das Weidenmännlein. „Erst musst du dir was anhören.“ Und es begann auf seiner Weidenflöte zu blasen, und der Bauer konnte nicht anders als zuhören. Plötzlich verstand er, was die Flötenmusik erzählte. Sie erzählte von den Hasen und Rehen, die sich unter den Weidenbäumen versteckten, und von den Vögeln, die darin ihre Nester bauten, und überhaupt von allem, was um alte Weiden lebt.

„Von mir aus behalt sie, deine Weide“, sagte der Bauer. „Aber deine Frösch’ pfeifst zurück!“

„Wir werden uns schon vertragen“, sagte das Weidenmännlein. „Soll ich dir zeigen, wie man eine Flöte schnitzt?“

„Das hab ich schon als Bub gekonnt“, antwortete der Bauer.

„Dann schnitz dir jetzt auch eine“, sagte das Weidenmännlein.

Die zwei sind bald Freunde geworden. Und die Leute haben von dem Bauern gesagt:

„Der spinnt, der geht seit neuestem nach der Arbeit immer zu dem alten Weidenbaum, der doch längst weggehört, und jetzt setzt er sich auch noch drunter und spielt Flöte!“

Kaiser Karl im Untersberg

Einmal saß ein Hirtenknabe auf einer Wiese am Untersberg und blies auf seiner Flöte. Plötzlich erschien ein Zwerg vor ihm.

„Willst du mit mir kommen?“, fragte der Zwerg.

Der Hirtenknabe wunderte sich nicht, dass auf den Hängen des Untersbergs Zwerge herumliefen, denn das wusste jeder. Freilich zeigten sie sich nicht jedem.

„Willst du mitkommen?“, fragte der Zwerg noch einmal.

„Wohin?“, fragte der Hirtenknabe.

„Der Kaiser Karl möchte von dir etwas wissen“, sprach der Zwerg.

„Von mir?“, fragte der Hirtenknabe.

„Frag nicht so lange und komm“, drängte der Zwerg. „Kaiser Karl wacht nur alle hundert Jahre einmal auf, und die Stunde dazu ist nahe. Komm!“

Der Hirtenknabe stand auf und sagte: „Ich kann aber doch meine Kühe nicht allein lassen!“

„Kommt Kühe hüten!“, rief der Zwerg, und schon erschienen etliche Zwerge und ein paar Wildfräulein dazu, die nicht viel größer sind als Blumen.
In der Ferne zeigte sich einer der Riesen, von denen auch welche im Untersberg wohnen, und rief herüber:

„Braucht ihr mich auch?“

Aber die Wildfräulein riefen zurück: „Wir können das schon allein. Geh nur wieder schlafen!“

„Folge mir!“, sagte der Zwerg nun recht streng zu dem Hirtenknaben, und der folgte dem Zwerg über den Wiesenhang und steile Wege und Stock und Stein. Sie liefen durch eine Schlucht und eine zweite, durch Dorngebüsch und Felsenlöcher, und standen endlich vor einer eisernen Tür. Die war zu und hatte kein Schloss, keine Klinke und kein Schlüsselloch.

Behutsam klopfte der Zwerg an die Tür. Die sprang mit Donnergepolter auf, und sie waren im Inneren des Untersbergs.

„Komm“, sagte der Zwerg, „wir dürfen den Augenblick nicht versäumen, da Kaiser Karl aufwacht!“

Er führte den Hirtenknaben durch einen dunklen Gang in eine riesige Säulenhalle. Dort glitzerte alles von Silber, und die hundert und tausend Säulen und Säulchen, die die Decke der mächtigen Halle trugen oder schmückten, funkelten von Edelsteinen. An den Wänden der Halle standen, wie versteinert, mächtige Ritter mit starren Gesichtern, erstarrte Fürsten in roten Fürstenmänteln, und auf dem Fußboden des Saales lagerten versteinerte Kriegsknechte, und alle waren in Waffen.

An einer Seite der mächtigen Halle stand ein Thron, auf dem saß der Kaiser. Er war der Einzige, der nicht versteinert war, sondern schlief.

Der Zwerg ergriff die Hand des Hirtenjungen, der vor Staunen stumm war, und zog ihn leise vor den Thron des Kaisers.

„Hier bleib stehen", flüsterte er, „und warte, bis der Kaiser aufwacht. Er wird dich etwas fragen, und da musst du antworten. Ich werde mich nun zurückziehen und hole dich nachher wieder ab." Damit ging der Zwerg in den Hintergrund des Saales, setzte sich hinter den Schild eines versteinerten Ritters und war nicht mehr zu sehen.

Der Hirtenjunge aber stand stumm vor dem Kaiser Karl und betrachtete ihn. Der Kaiser trug einen goldenen Brustpanzer und über diesen hing sein langer grauer Bart. Der Junge hatte immer erzählen hören, dass der silberweiße Bart des Kaisers Karl so lange sei, dass er schon zweimal um das Marmortischchen gewachsen war, das vor ihm stand, und immer wieder wurde erzählt, dass, wenn der Bart zum dritten Mal um den Tisch gewachsen wäre, ein schrecklicher Krieg käme. Dann würde der Kaiser Karl mit all seinen Rittern und Kriegsknechten aufwachen und aus dem Untersberg herausbrechen und sich in den Krieg stürzen, der draußen tobte.

Aber vor dem Kaiser stand kein Marmortisch. Und sein Bart war auch nicht silberweiß, sondern grau. Freilich, zweigeteilt war er. Und jeder Bartteil war mit einem kostbaren Perlenband umwunden.

Der Hirtenjunge blickte den Kaiser an und plötzlich war ihm, als hätte der den Kopf bewegt. Und dann sah der Junge, wie der Kaiser die Augen öffnete.

Kaiser Karl erblickte den kleinen Hirtenjungen, der vor ihm stand und ihn anstaunte, und nun bewegten sich auch die kaiserlichen Lippen und er fragte den Hirtenknaben: „Fliegen die Raben noch um den Berg?"

„Ich weiß nicht", antwortete der Hirtenjunge. „Ich hab nicht darauf geachtet, Herr Kaiser, aber ich glaube, sie fliegen noch!"

Da schloss der Kaiser die Augen und flüsterte: „Dann muss ich noch einmal hundert Jahre schlafen", und schlief ein.

Im nächsten Augenblick fühlte der Hirtenjunge die Hand des Zwerges in der seinen und wurde fortgezogen, aus dem Saal hinaus und zurück zum Ausgang.
Dort brach das helle Sonnenlicht über ihn herein.

„Das hast du gut gemacht", sagte der Zwerg zu dem Hirtenjungen und führte ihn zu seiner Wiese zurück.

Edelweiß

Vor sehr langer Zeit ist einmal die Mutter Gottes durch den Lungau gewandert und fand ihn wunderschön. Nur Blumen hätte sie gern noch mehr gesehen. So streute sie Blumen in vielen Farben über die Täler und Berge im Lungau. Da war der Lungau noch viel schöner, und die Berge und Täler waren froh und zufrieden mit ihrem neuen Schmuck.

Freilich, die Berge durften sich nicht lange über die Gabe der Mutter Gottes freuen. Die Blumen fanden nämlich auf den vielen schroffen und steilen Felsen keinen Halt, auch blies der Wind im Gebirge kälter und unfreundlicher als im Tal. Alle die prächtigen Blumen fielen in die Täler hinunter, senkten ihre Wurzeln und Würzlein in die Erde und blieben dort.

Die Berge wurden darüber sehr traurig. Als die Mutter Gottes das nächste Mal durch den Lungau wandelte und sich seiner Schönheit freute, bemerkte sie, dass die Berge traurig in die bunten Täler hinunterschauten.

Die himmlische Mutter sah die traurigen Berge, wie sie hart und ohne Schmuck dastanden. Da griff sie rasch in den Himmel hinauf, holte eine Unmenge kleiner Sterne herunter und streute sie über die Berge im

Lungau. Die Himmelskinder schlugen Wurzeln in den Bergen hoch oben, wo sie dem Himmel am nächsten waren. Seit damals gibt es im Lungau das Edelweiß.

Die zwei feindlichen Brüder von Moosham

Einmal wohnten auf dem Schloss Moosham zwei Brüder, die einander herzlich zugetan waren. Das änderte sich aber, als anlässlich eines Turnierspiels ein Ritter mit seiner Tochter angereist kam. Sie war ein holdes Ritterfräulein, jung und hübsch und lustig, und es war kein Wunder, dass beide Brüder sich in das Fräulein verliebten. Das Fräulein hatte aber schon einen Bräutigam, und die beiden Brüder durften nicht hoffen, sie als Braut heimzuführen. Wäre nicht die Sache mit dem Ring gewesen, dann hätte wohl alles noch ein gutes Ende finden können.

Das Ritterfräulein hatte für den Sieger in diesem Turnier einen goldenen Ring als Siegespreis bestimmt. Als nun einer der beiden Brüder von Moosham Sieger wurde, gewann er den Ring. Nach dem Ende des Turniers zogen mit den anderen Gästen auch der Ritter und sein Töchterlein wieder von Moosham fort.

Die zwei Brüder aber waren wie verwandelt. Sie fingen an, einander zu hassen, und dieser Hass ging so weit, dass sie in verschiedene Wohntrakte der Burg Moosham zogen. Zwischen den beiden Trakten stand ein Getreidespeicher, und nach dieser Seite hin verschlossen die Brüder alle Fenster, damit einer den anderen nicht sehen konnte. So lebten sie nebeneinander dahin.

Bald sprach das Land rundum von den zwei eifersüchtigen Brüdern von Moosham, die so aneinander gehangen waren und sich jetzt so sehr hassten.

Nach langer Zeit kam einmal ein Spielmann nach Moosham. Dieser Spielmann konnte Liebeslieder so rührend singen, dass den beiden Brüdern warm ums Herz wurde, und plötzlich musste jeder denken: „Wir haben sie ja beide verloren! Keiner von uns beiden hat ihre Liebe erringen können!"

Da kamen die zwei Brüder aufeinander zu und umarmten sich. Wie sie so in neu erwachter brüderlicher Liebe einander umfingen, blitzte der Goldring an der Hand des Bruders auf, der dieses Ringlein vor langen Jahren in ritterlichem Kampf gewonnen hatte. Da wachte der Hass zwischen ihnen mit neuer Wildheit auf. Sie griffen nach ihren Schwertern und brachten sich gegenseitig zu Tod.

Seither ist Schloss Moosham verfallen. Manchmal, wenn der Mond scheint, sieht man zwei Schatten mit Schattenschwertern kämpfen, dass die Funken sprühen wie rötliche Sterne, und in der Luft über ihnen hängt ein goldroter Ring. Es ist nicht ratsam, bei Mondschein dort vorüberzugehen, wo der Hass noch immer lebendige Funken sprüht.

Die Bergmannsbraut

Ein junges liebes Mädchen aus dem Salzkammergut war mit einem jungen Bergmann verlobt. Sie liebten einander sehr und wollten heiraten. Am Tag vor der Hochzeit fuhr der Bräutigam wie sonst auch in einen Salzstollen des Bergwerks ein. Aber er kehrte nicht wie sonst nach dem Ende seiner Schicht zurück.

Der junge Bergmann hatte seiner Braut versprochen, sie am Abend vor der Hochzeit noch einmal zu besuchen. Aber es wurde spät und später und er kam nicht.

Besorgt lief das Mädchen vor das Haus, um nach ihm auszuschauen. Da hörte sie die Glocke aus dem Bergwerk, die ein Unglück anzeigte, und erfuhr, dass an der Stelle, an der ihr Bräutigam gearbeitet hatte, ein Stück Stollen eingestürzt war. Ihr Bräutigam war verschüttet worden und niemand konnte mehr zu ihm gelangen, um ihn zu retten.

Die Braut des toten Bergmanns brauchte lange Zeit, um ihren Schmerz zu überwinden. Aber als einige Jahre vergangen waren und ein braver Mann um sie warb, hat sie ihn geheiratet und ihm Kinder geboren.

Sie wurde glücklich und nur manchmal dachte sie mit leiser Wehmut an den toten Bräutigam.

Mit der Zeit rückte ihre erste Liebe ihr ferner und ferner und erschien ihr nur mehr wie ein Traum.

Die Jahre vergingen. Ihre Kinder wurden erwachsen und verließen das Haus, um selbst eine Familie zu gründen, und dann starb ihr Mann. Sie betrauerte ihn ehrlich und ging auch zu den heiligen Zeiten an sein Grab.

In all der Zeit war sie älter und schließlich eine alte Frau geworden. Sie lebte in ihrem kleinen Häuschen, goss die Blumen in dem kleinen Garten davor und blieb nicht einsam, denn ihre Kinder und alte Freunde besuchten sie oft.

Eines Tages hörte sie draußen Rufen und Lärmen und sah, dass Leute zusammenliefen und in die Richtung des Bergwerks strömten. Sie nahm ein Tuch um die Schultern und ging mit den anderen. Die sagten, es sei ein Bergmann aus dem alten, verfallenen Stollen, der vor fünfzig Jahren eingebrochen war, geborgen worden. Da klopfte ihr das Herz so stark, dass sie kaum atmen konnte. Und als sie zum Eingang des Bergwerks kamen, hieß es, der tote Bergmann sähe ganz jung und rosig aus und so, als schliefe er nur. Aber niemand wüsste, wer er sei.

Die alte Frau drängte sich durch die Menge und schaute den toten Bergmann an, dessen Namen keiner wusste, und es war ihr Bräutigam. Er war nicht alt geworden wie sie. Das Salz, in dem er gestorben war, hatte seinem Körper die Jugend bewahrt. Da war es der alten Frau, als wäre sie wieder jung und morgen sollte ihre Hochzeit sein. Sie kniete neben dem toten Bräutigam nieder und nahm ihn in ihre Arme und weinte.

Nun erinnerten sich mehrere alte Leute an den Tag, da das Unglück im Salzberg geschehen war, und daran, dass da eine Hochzeit hätte sein sollen, und so mancher weinte.

Als man die alte Frau aufheben und von ihrem toten Liebsten trennen wollte, war sie gestorben, und einer sagte: „Jetzt sind sie doch für die Ewigkeit beisammen."

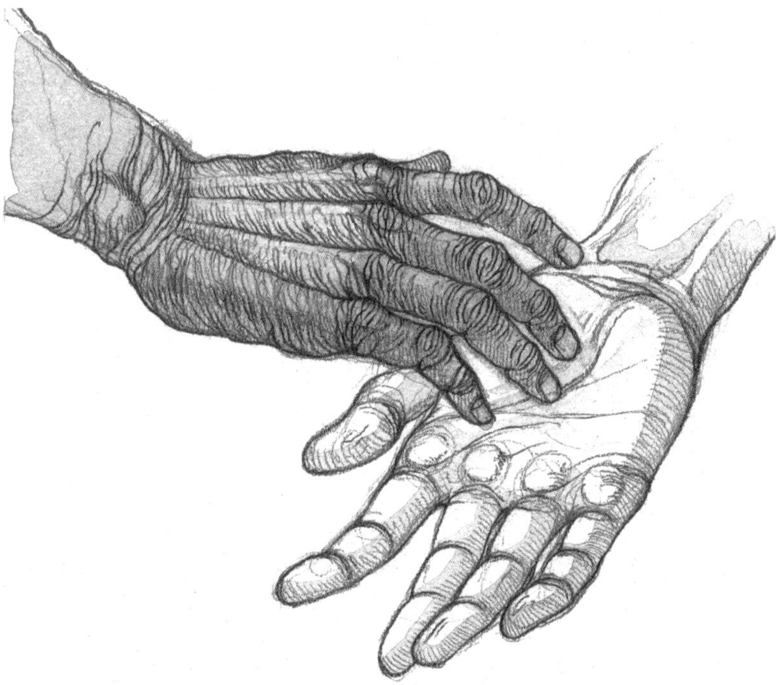

Die Stierwascher

Vor ein paar hundert Jahren ist die Stadt Salzburg von einem starken Feind belagert und eingenommen worden. Wer konnte, hatte sich auf die Festung Hohensalzburg geflüchtet. Die Menschen haben Vieh und Lebensmittel für lange Zeit mitgenommen.

Nun steht die starke Festung Hohensalzburg auf einem hohen Felsen. Der Feind merkte bald, dass sie durch Kampf kaum einzunehmen war, und entschloss sich, sie zu belagern und auszuhungern.

Das wäre vielleicht sogar gelungen. Für so viele Leute waren auf Dauer die Lebensmittelvorräte zu gering, und die Menschen, die in der Burg Zuflucht gesucht hatten, wurden schwach vor Hunger und die Verteidiger hatten auch kaum mehr Kraft. Und dass der Feind freiwillig abzöge, war nicht zu hoffen. Eines Tages waren alle Vorräte aufgegessen, alles Vieh geschlachtet, bis auf einen einzigen, weißen Stier.

Der Burghauptmann überlegte, ob er nicht auch diesen Stier schlachten lassen und den Verteidigern der Burg zu essen geben sollte. Vielleicht konnten sie doch noch einen Ausfall wagen. Aber er wusste zugleich, es würde auch nicht viel helfen, diesen letzten Stier zu schlachten. Da fiel ihm plötzlich ein, dass man die Angreifer durch eine List zum Abzug bewegen könnte.

Er ließ den Stier holen und befahl, ihn für die Feinde gut sichtbar oben auf dem Festungswall herumzuführen und ihn dabei zu zwicken, dass er laut brülle.

Da wüssten die unten, dass es gewiss keine ausgestopfte Tierhaut war, wie dies andernorts von Belagerten versucht worden war.

So führten sie also den weißen Stier auf dem Wall, dem Feind sichtbar, herum und der Stier brüllte laut.

Nun befahl der Burghauptmann, den Stier braun anzumalen. Als das geschehen war, wurde der braune Stier auf dem Burgwall herumgeführt, und auch der braune Stier brüllte laut und lebendig. Sie führten ihn wieder herab, und nun wurde er schwarz gefärbt und brüllend auf dem Wall herumgeführt.

Wirklich und wahrhaftig, nun zogen die Belagerer ab. Sie wollten nicht länger eine Festung belagern, in der noch so viel lebendiges Schlachtvieh vorhanden war.

Als der Feind fort war und die Geflüchteten in ihre Wohnstätten in der Stadt Salzburg zurückkamen, führten sie den schwarzen Stier zur Salzach und wuschen die schwarze und die braune Farbe von ihm herunter, und da wurde er wieder weiß. Bald hieß es in der Gegend,

die Salzburger seien seltsame Leute, sie hätten einen schwarzen Stier weißgewaschen, und so bekamen sie den Spitznamen „Stierwascher". Leute, die nicht wussten, wie das alles zugegangen war, spotteten über die „Stierwascher". Aber die, die es wussten, haben über die dummen Spötter gelächelt. Es gibt nichts zu spotten, wenn durch eine List eine ganze Festung voller Menschen gerettet wird.

Später, um das Jahr 1500, hat man dann zur Erinnerung an das Geschehnis auf der Festung Hohensalzburg eine Orgel gebaut und sie den „Stier von Salzburg" genannt. Sie wurde zu einem berühmten Wahrzeichen von Salzburg.

Der weiße Stier ist nie geschlachtet worden. Er hat sein Gnadenbrot auf der Festung Hohensalzburg verzehrt, bis er einmal friedlich an Altersschwäche gestorben ist.

Graz und rundum

In der Gegend von Graz hatten sich schon in alter Zeit Menschen angesiedelt. Eines Tages soll ein Trüppchen fremder Leute mit Sägen und Hämmern und anderem Werkzeug angekommen sein. Am Fuß des Schlossbergs haben sie angefangen Holz zu schlägern.

„Was macht ihr denn da?", fragten die Einheimischen und bekamen zur Antwort: „Wir bauen eine Stadt!"

„Eine Stadt?", fragten die anderen. „Was ist das?"

Sie hatten nämlich, wie die Sage erzählt, noch nie eine Stadt gesehen.

„Eine Stadt, das sind viele Häuser und ein paar Kirchen und Brücken und ein Schloss und Kaufleute und viele Fuhrwerke und Kutschen und ein Nachtwächter und noch einiges mehr!", antworteten die Neuankömmlinge.

Da begannen die Einwohner der kleinen Siedlung zu tuscheln, und endlich sagte einer: „Eine Stadt! Von uns hat noch keiner gehört, dass es so etwas gibt. Und das wollt ihr bauen?"

„Wir versuchen's", antworteten die Bauleute. „Grat's nicht, dann grat's nicht. Aber grat's, dann grat's."

Und sie bauten die Stadt. Sie ist ihnen gut geraten.

Darum heißt sie auch Graz und nicht: Graznicht.

In und um Graz ist es dann mitunter recht bunt zugegangen.

So träumte zum Beispiel ein armer Bauer aus Wagendorf, er solle nach Graz gehen, sich auf die alte Murbrücke stellen und dort warten. Dann würde er reich werden.

Der Bauer ging also nach Graz, stellte sich auf die Murbrücke und meinte, es würde einer kommen und ihm eine Menge Geld geben. Zwar gingen immer wieder Leute über die Brücke, aber keiner gab ihm auch nur irgendwas. Endlich kam ein vornehmer Herr gegangen. Der arme Bauer dachte: „Das ist der Richtige! Der hat sicher Geld und wird mir was geben!“

Und als der Herr näher kam, schaute ihn der Bauer so erwartungsvoll an, dass der Herr stehen blieb und fragte: „Was stehst du auf der Brücke herum?“ Da erzählte der arme Bauer dem vornehmen Herrn seinen Traum.

„Du bist verrückt!“, sagte der Herr. „Mir hat auch schon geträumt, ich soll nach Wagendorf gehen, weil dort ein steinerner Fuchs auf der Wiese liegt, der voll Geld ist. Aber ich bin kein Narr wie du. Ich geh nicht dorthin, nur weil mir was geträumt hat.“

Der Bauer hat nichts geantwortet und ist umgekehrt.

Er hat nämlich gewusst, dass auf seiner Wiese in Wagendorf ein steinerner Fuchs gelegen ist. Das ist ein Stein, mit dem die Bauern im Frühjahr die Maulwurfshügel auf ihren Wiesen einebnen. Wenn einer mit dieser Arbeit auf seinen Wiesen fertig ist, wirft er den steinernen Fuchs zum Nachbarn hinüber.

Und der steinerne Fuchs ist gerade jetzt auf der Wiese des armen Bauern gelegen, weil er zum Maulwurfshügel-Glattstreichen dran war.

Da ist er hingegangen und hat den steinernen Fuchs mit einer Hacke aufgeschlagen, und der steinerne Fuchs war voller Geld.

Ein anderer Bauer, er war aus Rottenmann, hat einmal in der Lotterie das große Los gewonnen und wollte das Geld in Graz beheben. Damals gab's noch keine Eisenbahn, und der Bauer ist zu Fuß gegangen.

Plötzlich ist eine Brieftasche auf seinem Weg gelegen. Und wie der Bauer in die Brieftasche hineinschaut, war sehr viel Geld darin.

Der Bauer war ein ehrlicher Mann. Als er im nächsten Wirtshaus eingekehrt ist, hat er den Wirt gefragt, ob nicht jemand eine Brieftasche verloren hat, er hätte eine gefunden. Im selben Augenblick hat vor dem Gasthaus ein

Fuhrwerk gehalten, und ein Fuhrmann ist hereingekommen und hat gefragt, ob nicht vielleicht jemand seine Brieftasche gefunden und beim Wirt abgegeben hat.

Nun, das kann bald einer fragen. Der Bauer hat dem Fuhrmann also gesagt, er hätte eine gefunden, aber er, der Fuhrmann, müsse sie genau beschreiben und auch sagen, wie viel Geld darin wäre. Das hat der Fuhrmann sehr genau dargetan und seine Brieftasche zurückbekommen. Er wollte dem Bauern einen Finderlohn geben, aber der hat nichts genommen und dem Fuhrmann gesagt, dass er ohnehin jetzt viel Geld haben werde. Weil er nämlich in der Lotterie das große Los gewonnen habe und unterwegs nach Graz sei, um es dort von der Bank zu holen. Und er hat sein Lotterielos herumgezeigt. Da hat der Fuhrmann gesagt: „Du kannst bei mir aufsitzen, ich will auch nach Graz. Wenn du schon keinen Finderlohn annimmst, lass mich wenigstens so meinen Dank abstatten für deine Ehrlichkeit.“

Der Bauer war froh, dass er nicht bis Graz hat zu Fuß gehen müssen, und ist zu dem Fuhrmann auf den Wagen gestiegen. Dann sind die beiden davongefahren.

Aber sie sind nie dort angekommen. Der Fuhrmann war nämlich der Teufel, sagten die Leute. Der hätte den Bauern seinerzeit verlockt, sich ein Lotterielos zu kaufen, und so was kann ja nicht gut ausgehen, wenn der Teufel dahintersteckt, sagten die Leute. Denn man hat den Bauern am nächsten Morgen tot im Straßengraben gefunden. Und der Fuhrmann war weg und der Lotteriezettel, mit dem der Bauer in Graz hätte sein Geld beheben wollen, war auch weg.

Nicht nur der Teufel treibt sein Unwesen überall, also auch in Graz und Umgebung, sondern auch die Wilde Jagd lässt sich dort noch sehen. In Hitzendorf westlich von Graz ist einmal etwas Gruseliges passiert. In der Gegend dort kann man öfter die Wilde Jagd vorüberbrausen und toben hören. Ein Geheul und Gewinsel ist das, ein Gejohle und Gekläff, dass einem Hören und Sehen vergehen kann. Einmal war nun ein Knecht in einer solchen Nacht unterwegs. Dem Knecht hat es Spaß gemacht, mitzuheulen und zu johlen und zu kläffen und zu winseln. Einfach so, weil ihm das lustig vorgekommen ist. Da braust auf einmal ein Ross daher mit einem Geist drauf, und der schmeißt dem Knecht was vor die Füße und schnauft dazu: „Willst mit uns jagen, musst mit uns nagen", und weg ist das Pferd mitsamt dem Geist. Und das, was er dem Knecht hingeworfen hat, war ein Menschenfuß!

Dem Knecht ist der Spaß vergangen. Er hat den Fuß

genommen und ist damit zum Friedhof gerannt und hat ihn dort eilig begraben. Und wenn die Wilde Jagd wieder einmal vorbeigeheult und getobt hat, da war der Knecht fein still.

Als die Türken im Jahr 1532 den Grazer Schlossberg belagerten, saß unten in Graz in der Sporgasse der Befehlshaber des Türkenheeres Ibrahim Pascha im Palais des Grafen Saurau an der Mittagstafel. Als eben der Braten aufgetragen wurde, kam von dem belagerten Schlossberg herunter eine Kanonenkugel durchs Fenster geflogen, traf den Braten und schleuderte ihn bei einem anderen Fenster hinaus.

Dem Pascha soll, wie die Sage berichtet, der Appetit vergangen sein. Er soll gesagt haben: „Die Steirer haben gute Kanoniere", und, wie die Sage weiter berichtet, eilig mit seinem ganzen Heer abgezogen sein.

Es heißt auch, dass der Pascha oder einer seiner Offiziere dem Braten hat nachspringen wollen, aber im Fenster stecken geblieben ist. Zur Erinnerung an dieses Ereignis hat man später einmal das Bild eines Türken

am Dachfenster des Palais angebracht, und dort kann man ihn heute noch sehen.

Einmal haben Leute im Weinkeller vom Schloss Wildon einen Wassermann gefangen. Sie haben ihn nämlich erwischt, wie er ein Fass Wein nach dem anderen ausgetrunken hat, als tränk er aus einem hölzernen Becher. Sie wollten den Dieb nach Graz vor Gericht führen und haben ihn in einen Wagen gesetzt und dort angebunden. Auf der Wildoner Brücke hat er gesagt: „Vorsichtig fahren, da ist nämlich die Welt besonders dünn!“ Dann hat er ihnen geraten, sie sollen keinen Pfeffer essen, weil Pfeffer die Menschen verkitzelt. Sie sind mit ihm bis Graz gekommen und haben ihm gedroht, dass er jetzt bald aufgehängt wird oder geköpft oder was sonst der Richter anordnet. Da hat der Wassermann vor Angst geschwitzt und ist so glitschig geworden, dass er aus seinen Fesseln gerutscht ist, und hat sich kopfüber in die Mur gestürzt.

Da haben seine Häscher ihm nachgeschrien: „Geschieht dir recht! Ersauf nur, ersauf nur!“, und sind zufrieden wieder heimgefahren.

Drachen in der Steiermark

Einmal hat es überall Drachen gegeben, auch in der Steiermark – und zwar sehr viele. Ein Bauer aus dem Aichfeld hat einen oben auf dem Grössenberg angetroffen. Der Bauer war auf seine Alm gegangen, um nach dem Vieh zu sehen, und rastete bei einer Felsenquelle. Als er von ihrem Wasser trinken wollte, sah er, dass es ganz trüb war. Dann kam überhaupt keines mehr. Im Felsen scharrte und schnaufte es, gleich darauf steckte ein Lindwurm seine Schnauze aus dem Loch, aus dem sonst die Quelle sprudelte. Der Bauer packte einen großen Stein und schlug dem Wurm so fest auf die Nase, dass der sie sogleich zurückzog. Und da kam wieder Wasser.

Sein alter Vater hat dem Bauern dann am Abend erklärt, dass der ganze Grössenberg innen voll Wasser ist. In diesem Wasser sitzt der Drache und will heraus. Eines Tages wird ihm das auch gelingen. Dann bricht die ganze Flut aus dem Berg und das Aichfeld wird ein riesiger See. Von überallher werden Lindwürmer gekrochen kommen und in den See ziehen. Die Menschen aber müssen auf die Berge hinauf flüchten und werden ihre liebe Not mit den vielen Ungeheuern unten haben.

Das hat der alte Vater des Bauern seinem Sohn gesagt. Aber der hat's ihm nicht geglaubt, obwohl er doch die Nase des Lindwurms selber gesehen hat.

Der Talkessel westlich von Seckau war einmal von einem großen See ausgefüllt. In dem See lagen ein paar Hügelchen wie kleine Inseln und rund um den See standen hohe Berge. In diesem See hauste ein Lindwurm, der ungeheuer gefräßig war und so dick, dass er sich nur schwer fortbewegen konnte. Aber listig war er. Immer wieder fraß er Fischer und Holzfäller, Jäger, Hirten und Bauern, und ihr Vieh auch. Da berieten endlich die Leute, was sie gegen den Jammer tun könnten. Sie bauten einen künstlichen Wall aus Holz und Felsen und Erde um den See und schichteten Brennholz und Reisig davor auf. An einer Stelle legten sie dann einen Fressköder für den Wurm hin. Der Wurm kroch aus dem See auf den Köder zu. Da zündeten sie das Brennholz an.

Der Drache konnte vor lauter Rauch den Rückweg in den See nicht mehr finden. Rasend vor Wut zerschlug er den Damm und wurde von dem abfließenden See durch den Ingeringgraben ins Murtal geschwemmt. Dort blieb er ohnmächtig liegen. Da sind die Männer mit Knütteln gekommen und haben den Lindwurm erschlagen.

An der Stelle, wo er gestorben ist, liegt heute der Ort Lind. In der Ebene des Murbodens haben sie dann eine Stadt gebaut, die drei dicke Knüttel auf rotem Feld in ihr Wappen bekommen hat, und sie haben die Stadt Knittelfeld genannt.

Auch in der Gegend von Irdning, Oberwölz, Hohenwart und Pusterwald hausten Drachen. Der von Irdning ist aber nie hervorgekommen, sondern hat immer nur im Gebirge gebrüllt, und alle haben gehofft, dass von seinem Gebrüll einmal die Felsen nach innen stürzen und ihn erschlagen würden.

In den Haller Mauern bei Admont soll es auch heute noch Drachen und Lindwürmer geben. Bei starkem Regen hört man sie pfauchen und brüllen. Einmal ist sogar einer hervorgekrochen und hat eine Lawine aus Schutt und Schlamm losgetreten. Die ist bis ins Tal gekommen und hat den Ort Unterhall vermurt und verwüstet.

Ein besonders riesiger Lindwurm ist aus dem Rabengraben bei Weng gekommen. Der hat sogar Flügel gehabt. Mit denen ist er in einer engen Schlucht stecken geblieben und hat die Enns gestaut. Das ganze Ennstal um Admont war überschwemmt. Das Wasser hat den dicken Wurm mitgerissen und auf dem Gstatterboden liegen lassen. Dort soll er gestorben sein.

Aus den Haller Mauern ist ein Drache auf eine Wiese bei Weng gekrochen, der war so dick und faul, dass er nicht einmal mehr auf die Jagd watscheln konnte. Er hat nach den Heuschrecken und nach Ameisen und Käfern geschnappt, aber von denen konnte er nicht leben und ist auf der Wiese verhungert. Vielleicht war er auch nur müde.

Gestorben ist er jedenfalls. Denn man hat später sein Skelett auf der Wiese gefunden, vom Regen gewaschen und von der Sonne gebleicht. Es war so groß, dass bei einem Gewitter achtzehn Kühe unter einer einzigen Rippe Unterschlupf gefunden haben.

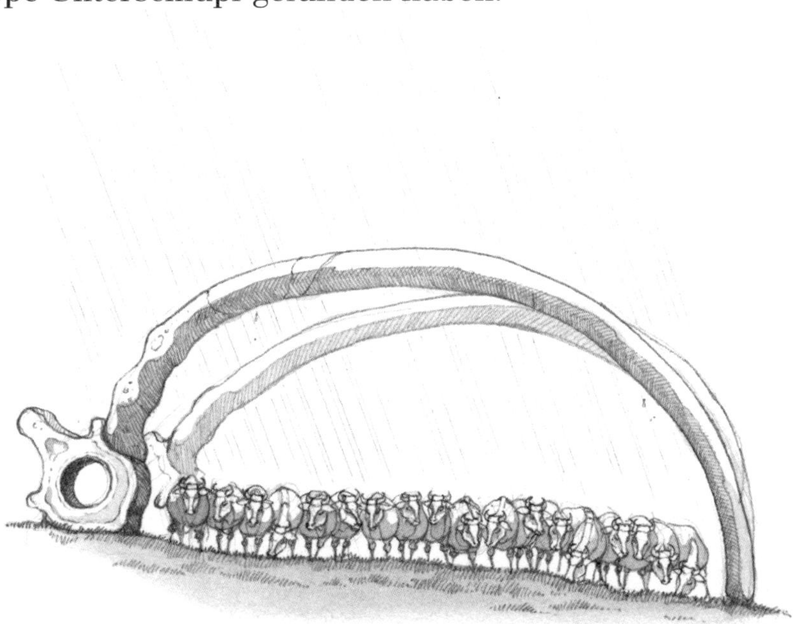

Im Mürztal hat einst auch ein gefräßiger Lindwurm oder Drache gewohnt, von dem hat keiner sicher gewusst, wo er seine Höhle hat, denn er hat ganze Berge umgegraben und neue aufgeschichtet. In der Gegend von Krieglach hat auf solch einem Berg in einem Schloss einmal eine edle Frau mit ihrem Kindlein gewohnt. Unter dem Schloss war der Drache eingezogen, und das ganze Schloss hat von seinem Gegrabe und Gescharre gezittert. Die Frau hat sich schrecklich gefürchtet, der Berg könnte einstürzen. Das ist auch bald geschehen. Sie und das Kind sind tief hinuntergestürzt, doch wie durch ein Wunder ist beiden nichts geschehen.

Den Lindwurm aber hat es damals selber getroffen. Wenn ein ganzer Berg einstürzt, kann auch ein Lindwurm zu Tod kommen.

Viele hundert und tausend Jahre später haben Hirten in einer sonst unzugänglichen Schlucht das Lindwurmgerippe gefunden. Es war so ausgewaschen und knochenbleich wie das Gerippe des Lindwurms bei Weng. Da haben sich die Hirten aus Knochenplatten, den Schalen, wie sie sie nannten, Hütten gebaut und sie mit Baumrinde gedeckt. In solchen Hütten haben sie lange Zeit gewohnt. Als die Hütten später zusammenfielen, haben sie Häuser gebaut und den Ort Schaldorf genannt.

Ein Drache, von dem man nicht genau sagen kann, ob er überhaupt ein Drache ist, soll sich heute noch in der Gegend von Seckau aufhalten. Er ist höchstens einen halben Meter lang und heißt Tatzelwurm. Sein Name soll von den zweiunddreißig Tätzlein herrühren, auf denen er unter Büschen und Bäumen herumhuscht. Er ist braun und verkriecht sich gern unter dem abgefallenen vorjährigen Laub. So ist er sehr schwer zu entdecken. Wem es gelingt, einen zu fangen, den führt der Tatzelwurm zu im Wald vergrabenen Schätzen.

Allerdings kann man ihn nur fangen, wenn man ihn an seinem vordersten rechten Fuß erwischt, der kleiner und kürzer ist als die einunddreißig anderen. Noch nie hat der Tatzelwurm in eine Hand gebissen, die ihn fangen wollte. Es ist also ungefährlich, einen zu fangen. Nur hat freilich bis heute noch nie jemand einen Tatzelwurm gefunden.

Die Gründung von Mariazell

Um das Jahr 1157 war die Gegend des heutigen Mariazell reinste Wildnis voll Bären, Wölfen und Elfen. Ja, die gab es damals dort und auch noch viele Spukgestalten, gute und böse, holde und unholde.

Um die Mitte des zwölften Jahrhunderts aber wurde das ein wenig anders. Damals sandte der Abt von St. Lambrecht, Otto VII., einen Priester in dieses heidnische Dickicht, um die Menschen dort zum Christentum zu bekehren.

Der Priester pilgerte, dem Geheiß des Abtes gehorchend, den weiten, mühsamen Weg durch den unwirtlichen Forst. Er trug ein Marienbild unter dem Arm, zu dem er herzlich betete, wenn er im Dorngebüsch nicht mehr weiterkam oder wenn ein Wildbach ihm den Weg sperrte. Nach dem Gebet fühlte er sich jedes Mal stärker und konnte weitergehen. Er wollte hier irgendwo der Muttergottes zu Ehren eine Klause bauen, aber kein Platz schien ihm richtig. So irrte er durch die Gegend, und einmal brach er vor Erschöpfung zusammen und hatte nicht einmal mehr Kraft zu beten. Da fiel sein Blick auf einen unüberwindlichen Felsen vor ihm, und ringsum war schier undurchdringliches Dorngestrüpp.

„Muss ich hier sterben?“, dachte er. „Ich kann ja nicht mehr weiter!“

Wie zum Abschied betrachtete er das Bild der Muttergottes, und es schien ihm plötzlich, als ob sie lächle. Da hielt er das Bild dem Felsen entgegen und wusste gar nicht, warum!

Plötzlich sah der Felsen nicht mehr unüberwindlich aus und öffnete sich vor seinen Augen wie ein Tor. Der Pilger ging durch das Felsentor und sah dahinter ein freundliches Tal vor sich liegen. Er ging den Weg hinunter, baute unten seine Einsiedlerzelle und nannte diese Maria zu Ehren „Marienzelle“. Sie wurde mit der Zeit das Ziel vieler Pilger und galt als ein Gnadenort.

Etwa 200 Jahre später stand Ludwig I., König von Ungarn und Polen, vor einer Schlacht gegen die Türken, die viermal so viele Soldaten hatten wie er selbst. Von seiner Gemahlin, die öfter schon zu der „Marienzelle“ gepilgert war, wusste er, dass die Muttergottes dort besonders gnadenreich wirkte. Ludwig gelobte, anstelle der kleinen Zelle eine prächtige Wallfahrtskirche bauen zu lassen, wenn er über die Türken siegte. Und weil er die Schlacht gegen die Türken gewann, hielt er Wort und baute die Wallfahrtskirche Mariazell.

Wie der Erzberg entdeckt wurde

Im Erzbachtal, dort, wo das Wasser des Leopoldsteiner Sees herunterrauscht, liegt eine Grotte. Wenn man hineingeht, findet man ein finsteres Wasserloch, in dem vor undenklichen Zeiten ein Wassermann gewohnt hat.

An sonnigen Tagen kam der Wassermann aus dem dunklen Wasserloch geglitscht und legte sich vor dem Grotteneingang in die Sonne, um sich zu wärmen.

Es gab aber Leute im Tal, die ihn fangen wollten. Denn wenn man einen Wassermann fängt, muss er dem, der ihn gefangen hat, einen Wunsch erfüllen. Tut er das, soll man ihn wieder freilassen.

Es ist sehr schwer, einen Wassermann zu fangen, weil er so glitschig ist. Einmal nahmen ein paar Männer aus der Gegend einen alten Mantel und bestrichen ihn mit Pech. Und als sie den Wassermann vor der Grotte schlafend liegen fanden, schlichen sie sich an ihn heran und warfen ihm den klebrigen Mantel über.

Der Wassermann war so erschrocken, dass er gar nicht versuchte davonzuspringen. Die Männer fesselten ihm die Hände auf den Rücken und die Beine so, dass er gerade noch trippeln konnte. Dann setzten sie sich rund um den gefangenen Wassermann hin, packten Brot und Speck aus und begannen ihn damit zu füttern. Der Wassermann spuckte alles aus, was sie ihm zu essen gaben, und da wurden die Männer ärgerlich. Sie befestigten eine Hundeleine an seinen Fesseln und machten sich mit ihm auf den Heimweg. Der Wassermann quakte laut, aber das half ihm nichts.

Als die Männer mit dem Wassermann zu einer Stelle kamen, von der aus man den Erzberg sieht, wollte er nicht mehr weiter, keinen Schritt, sie konnten an ihm ziehen und zerren, so viel sie wollten. Der Wassermann tobte vor Zorn, zischte und quakte und brachte plötzlich Menschenworte heraus:

„Freilassen! Ihr müsst mich freilassen!"

Die Männer aber wollten ihn nicht freilassen und taten, als hätten sie keine Ohren.

Da fing der Wassermann zu weinen an. „Lasst mich frei, und ich gebe euch große Schätze zum Lohn!"

„Das klingt schon besser", sagten die Männer. „Was willst du uns geben?"

„Gold für ein Jahr", sagte der Wassermann. „Silber für zehn Jahre. Oder Eisen für immer."

Die Männer berieten untereinander, was sie wählen sollten, und entschieden sich für das Eisen.

Der Wassermann deutete auf den Erzberg und sagte:

„In diesem Berg ist Eisen für immer. Holt es euch. Aber jetzt lasst mich frei!“

Sie ließen den Wassermann aber noch nicht frei. Ein Jahr lang schlugen sie das Erz aus dem Berg, bis sie ganz sicher wussten, dass der Wassermann die Wahrheit gesagt hatte. Denn in dem erzhaltigen Berg war wahrhaftig Eisen für immer. Jetzt erst brachten sie ihn zu seinem Wasserloch zurück.

Der Wassermann glitschte sofort hinein. Aber ehe er verschwand, rief er:

„Ihr habt vergessen zu fragen, wo man den Karfunkelstein findet! Und wie das ist mit dem Kreuz in der Nuss!“

Und fort war er.

Was seine Worte bedeuteten, konnte niemand sagen. Fragen hat man den Wassermann nicht können. Denn er ist niemals wieder aus seinem Wasserloch aufgetaucht.

Im Königreich

Einmal war ein Krieg aus und ein junger Mann, der Soldat gewesen war, ging nach Hause. Er war über die Kärntner Berge gekommen und wollte ins Murtal, wo er daheim war. Als er bei der Felsengruppe angelangt war, die „das Königreich“ heißt, wurde er plötzlich so müde, dass er keinen Schritt hätte weitergehen können. So setzte er sich zu einer Rast nieder.

An diesem Tag war das herrlichste Wetter. Er lehnte sich an einen Stein und schaute einem Käfer zu, der einen Grashalm emporkletterte. Ihm war, als stünde die Zeit still oder es gäbe gar keine. Oben am Himmel kreiste ein Adler. Der kam überraschend zu ihm heruntergestürzt, beäugte ihn und flog zurück in den Himmel.

Plötzlich legte sich eine starke Hand auf die Schulter des Heimkehrenden, und eine Stimme sagte zu ihm: „Wach auf, Junge, und komm mit!“

Der junge Mann erwachte und sah einen Greis mit einem wallenden weißen Bart vor sich stehen. Der Greis trug ein altertümliches Gewand.

„Komm“, sagte der Alte noch einmal, „wach auf!“

Mit einer Handbewegung gebot er dem jungen Mann, ihm zu folgen, und der gehorchte. Aber er sagte dazu:

„Ich will doch nach Hause!"

„Sei froh, dass du noch lebendig bist", antwortete der Alte. „Ob du ein paar hundert Jahre früher oder später nach Hause kommst, ist nicht wichtig."

Und wieder konnte der junge Mann nicht anders, als dem Alten zu folgen. Der Greis führte ihn an uralten Resten von Mauern vorüber und nickte dem Jungen zu, als müsste der wissen, dass sie über ein Schlachtfeld gingen. Zweitausend Jahre vorher hatten hier die Noriker mit den Römern gekämpft und den Kampf verloren. Aber der Junge wusste das nicht.

Endlich waren sie bei einer Falltür angelangt, die von Gras und Wiesenblumen halb verdeckt war. Sie stiegen endlos Stufen hinab, hundert und hundert und tausend, und gingen durch eine Höhle, in der es nach altem, vermodertem Leder roch. Aber die ungeheuren Schwerter, die an den Wänden hingen, waren blank und funkelten vor Schärfe.

„Die sind aus norischem Eisen", sagte der Greis stolz. „Diese Schwerter haben schon viel Blut gefressen, aber noch lange nicht genug."

Sie gingen weiter und kamen in einen Saal, in dem Männer mit wallenden weißen Bärten an einem langen Tisch saßen und einander in einer fremden Sprache anmurmelten. Die Männer waren wie der Greis gekleidet. Alle hatten sie goldene, mit edlen Steinen verzierte Becher vor sich stehen, aus denen sie einander mitunter zutranken.

Der Greis führte den Jungen an den Tisch und sagte: „Gebt ihm einen Becher. Er soll mit uns trinken, wir brauchen frisches Blut." Sie drückten dem Jungen einen Becher in die Hand, und er musste trinken. Einen Augenblick lang glaubte er, Blut in dem Becher zu sehen, aber es war nur roter Wein. Er trank einen Schluck und erwachte.

Da lag er im Gras inmitten des felsigen Königreichs und sah sich um und dachte, er hätte nur geträumt.

Aber der goldene, edelsteinbesetzte Becher, aus dem er getrunken hatte, lag neben ihm im Gras. „Hab ich denen was versprochen?", dachte er erschrocken. „Bin ich jetzt einer von ihnen, weil ich mit ihnen Wein getrunken habe?" Er sprang auf und wollte nichts anderes als nach Hause gehen. Der Krieg war ja zu Ende.

Da funkelte ihn der Becher an, und wie ohne Willen bückte sich der junge Mann, steckte den Becher in seinen Mantelsack und machte sich auf den Heimweg.

Der Bär von Pernegg

Zu Anfang des 15. Jahrhunderts wohnte im Schloss bei Pernegg ein Ritter mit seiner Frau und einem kleinen Sohn. Als der Kleine gerade erst laufen gelernt hatte, verschwand er eines Tages aus dem Schloss. Die Eltern suchten ihn überall, aber sie fanden ihn nicht. Da fürchteten sie, er wäre auf seinen kleinen Beinchen in den Wald gelaufen und hätte sich dort verirrt, oder Räuber hätten ihn mitgenommen, um später einen Räuber aus ihm zu machen, denn er war ein kräftiges Bürschlein.

Die Mutter weinte Tag und Nacht. Vielleicht war der Kleine in den Bach gefallen und ertrunken. Oder – und das wagte sie gar nicht auszusprechen – ein wildes Tier hatte ihn gefressen. Im Wald rund um das Schloss gab es viele wilde Tiere: Bären und Wölfe und wilde Schweine und Luchse.

Der Ritter schwor, er würde alle Tiere im Wald töten. Seine Gemahlin aber sagte: „Ich war heute bei der kleinen Kapelle und habe unserer lieben Frau gelobt, dass wir dort eine Kirche bauen lassen, wenn unser Bübchen uns zurückgegeben wird."

„Das wollen wir tun", sagte der Ritter. „Gleich morgen geh ich mit dir zur Kapelle und gelobe dies auch."

Als sie dann beide in der Kapelle knieten und ihr Gelöbnis zusammen erneuerten, hörten sie ein leises Tappen, und hinter ihnen stand ein riesiger Bär. Der Bär hielt das Kind an einem Zipfel seines Gewandes vorsichtig zwischen seinen kräftigen Zähnen fest, brummte leise und legte den Kleinen sacht vor den Eltern nieder. Dann wandte er sich um und trabte zurück in den Wald.

Die Eltern stürzten zu ihrem Kind hin, hoben es auf und trugen es ins Schloss zurück.

„Ich will nie wieder einen Bären schießen", sagte der Ritter. „Und die Kirche, die hier statt der Kapelle stehen wird, werden wir Frauenkirche nennen."

Und so ist es auch geschehen.

Das Bollmandl

In einem dichten Wald, der gegen die Koralpe zu lag, hat früher das Bollmandl gewohnt. Das war uralt. Wenn man es gerufen hat, ist es gekommen und hat gefragt, ob es was helfen könne.

Einmal war ein Schindelmacher mit einem Holzknecht dort unterwegs, um sich das beste Holz für Schindeln auszusuchen. Sie klopften die Bäume ab und hieben da und dort ein Stückchen Holz heraus, aber sie konnten nicht recht einig werden, welche Bäume sie fällen sollten. Da beschlossen sie, das Bollmandl zu rufen.

„Willst Speck und einen Schluck Schnaps?“, fragte der Schindelmacher den kleinen Waldgeist.

„Ja freilich“, antwortete der. Also setzten sie sich alle drei zu einer Jause nieder. Als Dankeschön für die Einladung zeigte das Bollmandl dem Schindelmacher und seinem Knecht die Bäume, aus denen sie die besten Schindeln machen konnten. Dann verschwand es wieder.

Die beiden nahmen Proben von den bezeichneten Bäumen und fanden sie gut. Sie arbeiteten, bis es dämmerig wurde. Weil sie vorhatten, am nächsten Morgen zeitig weiterzuarbeiten, wollten sie an Ort und Stelle im Wald übernachten. Sie holten einen Kohlensack hervor,

den sie als Schlafsack mitgenommen hatten, und krochen zu zweit hinein, sodass nur mehr ihre beiden Köpfe heraussahen, und jeder legte sich noch seinen Hut übers Gesicht, dass der Mond sie beim Schlafen nicht störte.

Bald darauf kam das Bollmandl zurück, um zu fragen, ob es nicht noch ein Stück Speck haben könnte, denn der war besonders gut gewesen.

Aber es fand die beiden Waldarbeiter nicht mehr. Es fand nur das Werkzeug, das im Mondlicht blinkte, und daneben lag ein merkwürdiges Tier ohne Füße, aber mit zwei Köpfen, die hatten jeder statt eines Gesichts nur einen Hut. Und das Tier schnarchte fürchterlich.

Da sagte das Bollmandl erschrocken:

„Jetzt bin ich schon so alt,
neunmal war hier schon Wald,
aber so ein Tier
war noch niemals nicht hier!“

Dann ist es weggelaufen und nicht wiedergekommen.

Frau Hitt

Einst lebte die Riesenkönigin Frau Hitt auf ihrem Schloss in den Gebirgen bei Innsbruck. Damals waren die Berge bis oben hin voller Wälder, blühender Almwiesen und Äcker, auf denen goldig schimmerndes Getreide wuchs.

Manchmal kam Frau Hitt aus ihrem Schloss heraus, um mit ihrem kleinen Sohn spazieren zu gehen. Hinter ihnen ging ein Diener mit einem Korb voll herrschaftlicher Speisen.

Eines Tages ruhte die Riesenkönigin am Rand eines Ackers aus und sah ihrem Söhnchen zu, wie er am Waldesrand an einem Tannenbäumchen zerrte, um es auszureißen, denn er wollte sich ein Steckenpferd daraus machen. Dabei rutschte er aus und fiel in einen kleinen Sumpf. Weinend und schlammverschmiert lief das Kind zu seiner Mutter. Frau Hitt rief ihren Diener herbei und befahl ihm, ein Büschel Getreide zu nehmen und den kleinen Prinzen damit sauber zu wischen.

Der Diener aber wusste, dass Brot heilig ist, weil es die Hungrigen sättigt, und dass man Brotgetreide nicht vergeuden darf. So wagte er nicht, dem Befehl seiner Herrin zu gehorchen.

Die Riesenkönigin erhob sich. Zornig griff sie ins

Getreide und riss ein Büschel Ähren ab. Dann begann sie, ihren kleinen Sohn damit zu säubern.

Da zogen finstere Gewitterwolken hinter dem Gebirge auf. Von allen Seiten her kamen sie, bis der Himmel schwärzer war als die Nacht. Der grüne Wald und die bunten Wiesen und goldschimmernden Felder waren bald nichts mehr als schwarze, wogende Schatten. Dann begann es zu blitzen und zu donnern und zu regnen.

Es regnete tagelang.

Als der Himmel wieder blau wurde, gab es dort oben keine Wälder und Wiesen und keine Äcker mehr, nur wüsten Stein und Fels. Auch an der Stelle, wo Frau Hitt zuletzt ausgeruht hatte, war jetzt nichts mehr als Stein. Die Riesenkönigin selber war auch in Stein verwandelt. Sie steht noch heute dort.

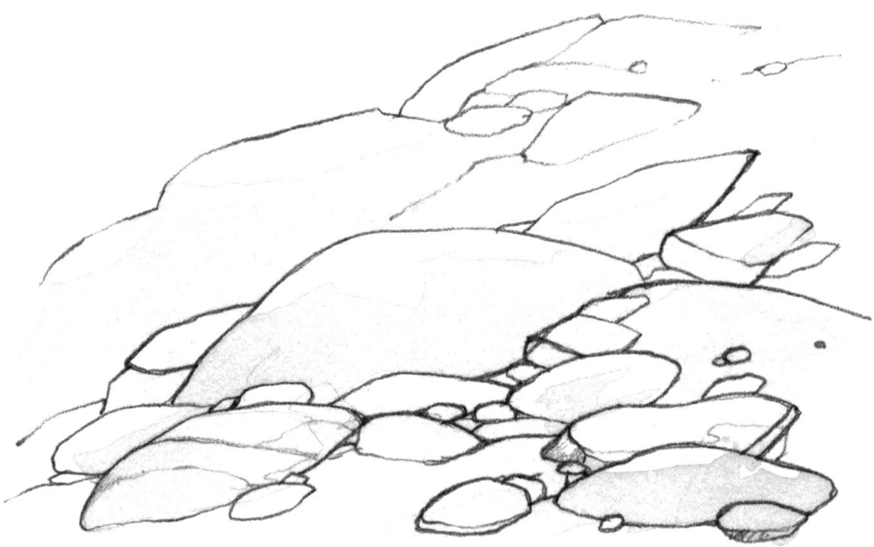

Friedl mit der leeren Tasche und das Goldene Dachl

Im Jahr 1415 wurde der Landesfürst von Tirol, Herzog Friedrich von Österreich, von seinen Feinden aus dem Land vertrieben und führte eine Zeit lang ein abenteuerliches, für einen Herzog recht ungewöhnliches Leben. Er hatte nun keine Macht mehr und auch kein Geld und seine Feinde nannten ihn deshalb voll Spott den Friedl mit der leeren Tasche. Sie schickten Spione nach ihm aus, um ihn zu fangen und dann Lösegeld von ihm zu erpressen. „Wenn der Friedl auch kein Geld hat", sagten sie, „so hat er doch reiche Freunde, die für ihn bezahlen werden."

Der Friedl mit der leeren Tasche wollte sich aber nicht fangen lassen. So verkleidete er sich und zog als wandernder Sänger und Spielmann singend von Ort zu Ort durch Tirol.

Anfangs erkannte ihn niemand als den Herzog des Landes. Eines Tages aber kam er auf seiner Flucht in die Gegend um Landeck zu einem Bauernhof und bat dort um ein Nachtlager auf dem Heuboden oder im Stall. Der Bauer lud den Unbekannten zum Nachtmahl ein. Zum Dank für erwiesene Gastfreundschaft pflegte der als Sänger verkleidete Herzog ein Lied zu singen. Diesmal

sang er eines seiner traurigsten Lieder: das Lied von einem aus seinem Land gejagten Fürsten, der heimatlos herumirrt. Die Bauersleute mussten an ihren eigenen Herzog denken, der ja auch heimatlos herumirrte, und fingen, wie die Sage berichtet, zu weinen an. Als nun der Spielmann sie fragte, warum sie denn weinten, erzählten sie ihm von dem bitteren Schicksal ihres Herzogs Friedl. Friedl mit der leeren Tasche war gerührt von der treuen Liebe seiner Tiroler Bauern zu ihrem Landesherrn und gab sich ihnen zu erkennen. Die Bauersleute zeigten sich so glücklich, ihren Landesfürsten, den sie schon für tot gehalten hatten, noch am Leben zu sehen, dass der Friedl mit der leeren Tasche neuen Mut fasste und wieder glaubte, sein Schicksal könne sich noch ändern.

Herzog Friedrich wollte sich nun nach Südtirol wenden. Dort wusste er einen Freund, der ihm vielleicht Schutz und Hilfe gewähren konnte. Mit der Hilfe von Bauern und Hirten, die ihm den Weg zeigten, zog Friedrich nach dem Süden. Leere Taschen hatte er freilich immer noch, und seine Feinde waren ihm immer noch auf der Spur. So legte der vertriebene Landesfürst seine Spielmannskleider ab und verwandelte sich in einen Hirten. Er soll eine Zeit lang in den Bergen Schafe gehütet haben. Sein Ziel, die Herrschaft über Tirol zurückzugewinnen, verlor er aber nicht aus den Augen und zog weiter in Richtung Südtirol.

Nun hatten ihn Spione, die immer noch nach ihm suchten, eines Tages wieder aufgespürt. Sie hätten den Herzog beinahe gefangen, denn sie hatten erkundet, dass er eben beim Hendlmüller Unterschlupf gefunden hatte. Sie umzingelten bereits das Haus.

Da hat der Hendlmüller seinen Herzog in einer Fuhre Mist versteckt und ihn damit weggefahren, an einen sicheren Ort. Und die Spione haben ihn nicht gekriegt.

Als Herzog Friedrich mit Hilfe seiner Getreuen seine Macht zurückgewonnen und auch keine leeren Taschen mehr hatte, machte er den Hendlmüller zum Grafen. Der durfte sich von da an Graf Hendl nennen. Er hat das Geschlecht der Grafen Hendl gegründet und durfte ein Mühlrad im Wappen tragen. Weil der Friedl mit der leeren Tasche nun wieder reich war und das auch zeigen wollte, hat er am Neuhof, der früheren Burg in Innsbruck, einen Erker aus Marmor anbauen und das Dächlein darauf, das Dachl, mit vergoldeten Kupferschindeln decken lassen. Das Goldene Dachl in Innsbruck ist eine weltbekannte Sehenswürdigkeit geworden. Den Friedl mit der leeren Tasche aber hat man trotzdem oder vielleicht grade deshalb nicht vergessen.

Das Salige Fräulein

Überall in den Gebirgen Tirols wohnen Salige Frauen und Fräulein. Sie können sich in Wolken verwandeln und ihr Haar in Sonnenstrahlen, denn sie wollen nicht, dass die Menschen erfahren, wer sie in Wirklichkeit sind. Immer wieder kommen Salige in die Täler herunter oder auch in einsame Bauernhöfe hoch oben. Dort helfen sie, wo es Not tut. Einmal kam ein Saliges Fräulein, ein zartes, liebliches, zu einem jungen Bauern auf einen Einödhof, um sich als Magd zu verdingen.

„Du kannst doch keinen Topf Milch heben", sagte der junge Bauer, „du bist zu schwach für die Bauernarbeit. Ich brauche jemand, der zupacken kann!"

Dem Saligen Fräulein gefiel der junge Bauer. Und sie war sehr stark, wie alle Saligen Frauen und Fräulein es sind, auch wenn sie zart und gebrechlich aussahen. Als nun der Bauer sagte: „Du bist zu schwach", lachte das Fräulein und ging in den Stall. Sie kam gleich wieder zurück und trug an jedem ihrer ausgestreckten Zeigefinger einen schweren Melkeimer voll Milch.

Der Bauer staunte und sagte: „Von mir aus kannst du bleiben."

Das zarte Fräulein blieb auf dem Hof und tat flink und

kräftig ihre Arbeit. Der junge Bauer verliebte sich in sie und eines Tages fragte er sie, ob sie seine Frau werden wollte.

„Ja“, sagte das Salige Fräulein. „Aber du darfst mich nie fragen, woher ich komme.“

„Woher du kommst, ist mir gleich“, antwortete der junge Bauer.

Da wurde sie seine Frau. Freilich, als die Hochzeit gefeiert wurde, gab es manches Geflüster, woher denn der Einschichtbauer plötzlich eine Frau genommen hatte. Keiner kannte sie. Aus der Gegend konnte sie nicht sein. Und da kam das Gerücht auf, sie sei vielleicht eine Salige. Es sei ja schon vorgekommen, dass so eine von den Bergen herunterkam und sich als Magd verdingte. Und schön war sie. Wunderschön und zart und so stark wie keine andere Bauernmagd. Es wäre schon etwas Geheimnisvolles um sie, sagten die Leute im Dorf.

Der junge Bauer hörte das Gemunkel und zum ersten Mal schaute er seine Frau misstrauisch an. Es wurde ihm plötzlich bang vor ihr, weil sie so zart war und dabei arbeiten konnte wie der stärkste Knecht. Aber er fragte sie nicht, woher sie gekommen war.

Sie bekamen zwei Kinder, zwei wunderhübsche Mädchen.

Eines Tages ging der junge Bauer allein hinunter ins Dorf zur Kirchweih und die Mutter blieb bei den Kindern, weil die noch zu klein waren, als dass sie sie stundenlang hätte allein lassen wollen.

Der Bauer war fröhlich und trank ein bisschen. Die andern Gäste fragten nach seiner Frau und warum die nicht mitkäme. Ob sie sich vielleicht zu fein dafür wäre, mit den gewöhnlichen Dörflern zu feiern und zu tanzen.

Das ärgerte den Bauern. Auf einmal musste er denken: „Vielleicht haben sie Recht!“ Und als einer stichelte, ob er gar eine Salige geheiratet hätte, wurde der Bauer zornig und trank zu viel. Als er dann heimging, ein wenig schwankend von Wein und Ärger, dachte er: „Ich weiß ja wirklich nicht, woher sie kommt! Ich frag sie heute noch!“

Als er heimkam, schliefen die Kinder schon und die Mutter auch. Er rüttelte sie aus dem Schlaf und schrie sie an: „Ich hab es satt, mich deinetwegen von allen Leuten hänseln zu lassen. Sag mir endlich, wer du bist und woher du kommst!“

Sie sah ihn nur erschrocken an, sagte aber kein Wort.

„Gib Antwort!“, schrie der Bauer. Als sie wieder nichts sagte, schlug er sie ins Gesicht.

Im gleichen Augenblick erschrak er wie noch nie in seinem Leben. Sie war feenbleich und schaute ihn an, als wäre sie gar nicht mehr da. Und dann sagte sie: „Mein Liebster, jetzt muss ich für immer fortgehen.“

Er bat und flehte, es wollte ihm das Herz zerreißen, dass er sie so sehr gekränkt hatte, und er schwor ihr, er würde es niemals wieder tun.

Aber das half nichts. Sie sagte nur: „Ich muss fort", und ging.

Sie kam nie wieder. Der Bauer suchte sie tagelang, aber er fand sie nicht.

Die Kinder waren sehr traurig. Eines Nachts träumten sie, die Mutter warte im Wald auf sie, und am nächsten Morgen liefen sie heimlich fort in den Wald.

Sie trafen die Mutter und durften bis zum Abend bei ihr bleiben. Die Mutter küsste und hätschelte und kämmte sie.

Als sie dann am Abend nachhause kamen, sagte der Vater: „Ich habe solche Angst um euch ausgestanden, ich habe euch den ganzen Tag gesucht! Wo wart ihr denn?“ Da erzählten sie ihm, dass sie die Mutter im Wald getroffen hätten und dass sie nun jede Woche einmal zu ihr kommen dürften. Der Bauer sprang auf und wollte in den Wald laufen und seine Frau zurückholen. Aber die Kinder riefen: „Unsere Mutter will nicht, dass du sie suchst, denn sonst muss sie weit hinauf ins Gebirge zurück. Und dann können wir sie nie wieder im Wald treffen.“

Da begriff der Vater, dass er seine Frau für alle Zeiten verloren hatte.

Jede Woche einmal gingen die Kinder in den Wald und kamen glücklich und rosig und mit frisch geflochtenen Zöpfen zurück. Der Bauer konnte seine Frau nicht vergessen. Manchmal träumte er von ihr, wie sie auf zwei Fingern fröhlich zwei volle Melkeimer trug oder wie sie seine Kinder in den Schlaf sang und ihm dabei freundlich zunickte.

Viele Jahre später, als seine beiden Mädchen aus dem Haus gingen um zu heiraten, stieg der Bauer eines Tages ins Gebirge hinauf, wo die Wolken und die Sonnenstrahlen sich manchmal in Salige Frauen und Fräulein verwandeln, und er ist von dort nicht wiedergekommen.

Die Hexe Stase

Die Bäuerin auf einem Hof bei Landeck war eine Hexe. Zumindest sagten die Leute ihr das nach. Wenn zum Beispiel irgendwo ein Kalb krank wurde, an dem die Hexe am selben Tag vorübergegangen war, meinten sie, die Stase, denn so hieß die Bäuerin, hätte es verhext. Wenn eine Frau Butter machen wollte und es bildete sich nicht das kleinste Klümpchen Butter in der Milch, dann war sicher die Hexe Stase daran schuld. Eine Frau konnte das sogar beweisen. Denn als bei ihr einmal die Milch nicht und nicht zu Butter wurde, dachte sie, die Hexe Stase selber säße unsichtbar im Butterfass. Da nahm sie einen Bratspieß und schob ihn in den Herd, bis er glühte. Dann stieß sie ihn in den Butterkübel. Damit wollte sie die Hexe in der Butter erstechen.

In diesem Augenblick stand die Hexe Stase in der Tür und sagte: „Lass das sein!“, und klopfte nur mit dem Knöchel an das Butterfass – und schon war die Butter fertig.

Wenn die Hexe Stase Lust dazu hatte, konnte sie auch Wetter machen. Zogen Gewitterwolken über den Bergen auf, holte die Hexe Stase meist ihren Besen. Auf ihm ritt sie zu den dunklen Wolken hinauf. Dort stieg sie ab und man konnte sie beobachten, wie sie mit ihrem Besen die Wolken samt Donner und Blitz vertrieb. Auf dem Besen ritt sie auch nach Hall um Salz, wenn sie keines im Haus hatte.

Ihr Mann besaß ein paar kleine Äcker, aber weil die nicht viel Ertrag abwarfen und er auch das Schusterhandwerk gelernt hatte, ging er des Öfteren als Schuster auf andere Höfe, um dort Schuhe zu flicken und sich mit dieser Arbeit etwas dazuzuverdienen.

Einmal, als er sich eben mit seinem Schusterwerkzeug auf den Weg zu einem Bauernhof machen wollte, zog ein Gewitter auf. Da sagte der Bauer zu seiner Frau: „Soll ich nicht doch noch rasch die Gerste hereinholen, die ich gestern geschnitten habe? Sonst wird sie auf dem Feld nass!“

„Geh du ruhig Schuhe flicken“, sagte seine Frau, „ich hol die Gerste schon herein.“ Denn sie wollte nicht, dass er an diesem Tag daheim blieb. Sie hatte nämlich vor, auf einen Hexenball zu gehen.

Der Mann ließ sich bereden, nahm sein Schusterwerkzeug und ging.

Nun, als die ersten Tropfen fielen, blickte der Mann auf dem Weg zurück, ob seine Frau wirklich allein die Garben unter Dach bringen könnte, und da sah er sie auf einer Garbe zur Scheune reiten und hinter ihr flatterten und rannten alle anderen Garben drein wie aufgescheuchte Hühner.

Jetzt wusste der Mann, was er anderen Leuten nie geglaubt hatte, dass seine Frau wirklich eine Hexe war.

Da bekam er Angst und lief nach Landeck zu Gericht und zeigte dort seine Frau als Hexe an.

Der Richter schickte sogleich die Gerichtsdiener und ließ die Frau gefangen nehmen. Er verurteilte sie als Hexe zum Tod auf dem Scheiterhaufen.

Und da half nichts, die Hexe Stase wurde verbrannt.

Als der Mann nach dem Tod seiner Frau allein in der Stube saß und weinte, weil er die Stase doch lieb gehabt hatte, quälte ihn plötzlich das Gewissen und er fragte sich: „Hab ich mich vielleicht getäuscht? War meine liebe Frau wirklich eine Hexe? Ich kann das jetzt nicht mehr glauben. Denn wär sie eine Hexe gewesen, hätte sie doch bloß den Teufel rufen müssen und der hätte sie gerettet. Oder sie hätte auf einem Stück Brennholz vom Scheiterhaufen davonreiten können! Aber sie hat's nicht getan! Sie war keine Hexe! Oh lieber Gott, sie war gar keine Hexe! Und ich bin schuld, dass sie tot ist!“ Und er konnte gar nicht mehr aufhören zu weinen.

Die Grangelbeeren

Als Gott das wunderschöne Land erschaffen hat, das heute Tirol heißt (damals hatte es noch keinen Namen), tat er das mit großer Schaffensfreude. Er stellte die Berge hin und grub die Täler und bekleidete sie mit Grün. Er streichelte jeden Baum und überlegte bei jedem Gräslein, wo es stehen sollte, damit es sich auch wohl fühlte. Was immer er schuf, er schuf es mit Liebe und Sorgfalt und es war wunderschön.

Eines Tages kam der Teufel vorbei und blieb stehen. Eine Weile schaute er zu, wie Gott Tirol erschuf, und seine Miene wurde immer grimmiger.

„Du schaust in letzter Zeit oft so grantig drein", sagte der liebe Gott. „Gefällt dir nicht, was ich da mache?"

„Doch", antwortete der Teufel. „Es ist sehr schön. Aber immer willst du alles allein machen! Ich will auch einmal etwas schaffen."

„Mein lieber Teufel", sagte der liebe Gott. „Wer hindert dich daran? Schaffe!"

Der Teufel ließ sich das nicht zweimal sagen und fing sofort an zu schaffen. „Dein Wald ist viel zu grün", bemerkte er dazu. „Es fehlt etwas Höllenrotes!"

Der liebe Gott nickte, und während er einem neu

geschaffenen Bächlein half, seinen Weg zu finden, erschuf der Teufel eine kleine Pflanze. Sie sah aus wie ein winziges Sträuchlein und hatte kleine, dunkelgrüne, harte Blätter. Zwischen die Blättchen setzte er leuchtend rote kleine Kugeln.

„Schau her!", sagte der Teufel, und Gott schaute hin und sah, was der Teufel geschaffen hatte.

„Sehr schön!", sagte er. „Und wie heißen diese kleinen roten Dinger?"

„Das sind Grangelbeeren", antwortete der Teufel. „Meinetwegen kannst du auch Preiselbeeren dazu sagen. Und jetzt gib gut Acht: Ich verfluche diese Beeren. Wer sie isst, gehört mir mit Haut und Haar und Seele."

„Das gefällt mir gar nicht", sagte der liebe Gott.

„Du hast mir doch erlaubt, dass ich etwas schaffe", sagte der Teufel darauf und grinste. „Hast du nicht gewusst, dass der Teufel schlau ist?"

„Doch", sagte der liebe Gott. „Aber ich bin schlauer!" Er streckte seine Hand aus und sprach einen Segen über die kleinen höllenroten Beeren und setzte auf jede ein winziges Kreuz.

Jetzt grinste der Teufel nicht mehr. „Du kannst einem wirklich jeden Fluch verderben, lieber Gott!", sagte er grantig und verschwand.

Das Walsermännlein und andere Butze

In Vorarlberg leben seit alten Zeiten allerlei merkwürdige Männlein und auch Weiblein, vom Walsermännlein bis zum Almbutz, vom Venedigermännchen und den Fenggen bis zum Drachenreiter.

Vom Walsermännchen wird berichtet, dass es sich gern in friedlichen Häusern einnistet, um dort Leute zu ärgern und Unfug zu stiften. Aus der Baader Chronik weiß man zum Beispiel, dass sich Ende 1772 in Straußberg, Pfarre Riezlern, ein Walsermännchen in das Haus der Witwe Katharina Elsäßerin geschlichen hat. Dort schmiss es die Milchschüssel um und spuckte ins Hafermus. Etwas später quartierte sich ein Walsermännchen in einem Bauernhaus ein, wo ein kleines Mädchen, ein Findelkind, von den Bauern liebevoll aufgezogen wurde. Das Walsermännchen kratzte und zwickte die Kleine, bis sie jämmerlich weinte. Das Kind konnte aber nicht sagen, was ihm fehlte, denn erstens war es noch zu klein, um vernünftig zu reden, und außerdem ist das Walsermännchen meistens unsichtbar. Es tobt im Haus herum, schmeißt mit Türen und Fensterläden, trampelt im Keller, pfeift und quietscht auf dem Dachboden – und man sieht es nicht! Immer wieder reißt es Mägde nachts an den Zöpfen, die sie am Abend schön geflochten haben, und am Morgen sind dann die Haare so verwirrt, dass sie sie nicht mehr kämmen können und abschneiden müssen. Das alles war schon immer so, wenn ein Walsermännchen ins Haus zog.

Mitunter teilte das Walsermännchen Ohrfeigen aus, wenn Leute friedlich in der Stube beisammen saßen. Und weil es unsichtbar war, glaubte der Geohrfeigte, einer von den andern hätte ihn geschlagen, und es gab Streit und manchmal auch Prügel. Dann hopste das Walsermännchen vor Freude auf den Tisch und vom Tisch auf die Bank und weiter auf den Ofen und warf von dort den Wasserkrug herunter. Einmal blies es sogar ins Herdfeuer, dass beinahe ein Brand ausgebrochen wäre.

Manchmal, wenn auch ganz selten, lässt es sich sehen. So hat ein kleiner Bauernbub das Walsermännlein beobachtet, wie es Rossknödel in die Milchsuppe warf, die auf dem Herdrand brodelte. Der Bub hatte keine Angst vor dem Männlein, denn es sah gar nicht so böse aus, wie man ihm erzählt hatte, sondern es nickte dem Kind sogar freundlich zu.

„Was machst du da?“, fragte der Kleine das Männchen. „Warum schmeißt du Rossknödel in die Suppe?“

Da lachte das Walsermännchen so herzlich, dass der Bub es auf einmal gar nicht schlimm, sondern sogar lustig fand, wenn einer Rossknödel in die Milchsuppe wirft.

„Hör zu“, sagte das Walsermännchen, „irgendeinen Spaß muss ich doch haben. Soll ich lieber die Kühe beißen oder die Ziege den Berg hinunterschmeißen?“

„Nein, nein!“, rief der Bub, und da war das Männchen auch schon weg. Und als dann gleich darauf die Mutter kam und die Rossknödel in der Suppe schwimmen fand, wagte er nicht zu sagen, das Walsermännlein sei es gewesen, das die Suppe verdorben hätte. Er hatte plötzlich mehr Angst vor dem Männlein als vor seiner zornigen Mutter und brachte kein Wort heraus. Die Mutter hob schon die Hand, um ihr Kind zu schlagen – da funkelte es im Suppentopf. Die Rossknödel hatten sich in goldene Knödel verwandelt! Da wusste die Mutter sogleich, dass das Walsermännchen, das schon tagelang im Haus polterte, die Knödel in die Suppe geworfen hatte.

Der kleine Bub aber traute sich plötzlich wieder zu reden und sagte: „Ich hab das Walsermännlein leibhaftig gesehen. Aber es hat mir nichts getan!“

„Gott sei Dank!“, sagte die Mutter und fischte die goldenen Knödel aus der Milchsuppe. „Aber die Suppe soll er selber essen!“ Sie trug den Topf mit der Milchsuppe vors

Haus und stellte ihn hin, und am nächsten Tag war die Suppe mitsamt dem Topf verschwunden. In dieses Haus kam das Walsermännlein nie wieder. Die Leute meinen, das sei deshalb so gewesen, weil das Kind freundlich mit ihm geredet hatte.

Ähnlich wie das Walsermännlein benehmen sich die Hausbutze.

Da war einer, der wohnte bei einem Bauern in Nüziders. Es war ein friedlicher Butz, der half, wo er konnte und wollte. Manchmal waren zum Beispiel die Kühe schon gemolken, wenn die Bäuerin frühmorgens in den Stall kam, und es lagen immer genügend Holzscheite neben dem Herd, ohne dass die Magd welche hintragen hätte müssen. Der Bauer brauchte, seit der Butz im Haus war, niemals mehr seine Sensen zu dengeln, denn die waren immer scharf. Aber auch dieser Butz ließ sich selten sehen, bei der Arbeit schon gar nicht. Er nahm sich niemals selber Essen aus der Speisekammer, sondern wartete, bis die Bäuerin ihm einen Teller voll hinstellte und aus der Küche ging. Dann huschte der Butz herbei, aß den Teller leer, wusch ihn und stellte ihn zurück in den Schrank. Hie und da sah man den Butz auf dem Birnbaum sitzen und Birnen verspeisen. Die Butzen warf der Butz dann ins Gras. Das sollte er nicht, weil Birnbutzen im Gras die Wespen anlocken. Aber der Butz wollte den Wespen auch etwas gönnen. Und weil er sonst brav war, ließen ihn die Bauersleute gewähren. Hie und da spazierte der Hausbutz im Küchengarten herum und las die Raupen vom Kohl und vom Kraut. Die trug er dann in den Küchengarten der Nachbarin. Das gehörte sich auch nicht, aber was sollte die Bäuerin tun? Denn immer wenn der Butz etwas angestellt hatte und sie mit ihm schelten wollte, wurde er sogleich unsichtbar, und dann waren die Bauersleute nicht mehr sicher, ob es ihn überhaupt gab.

Eines Tages kam der Schuster für eine Woche ins Haus, „auf die Stör“, wie es heißt, um dort alle Schuhe, die es nötig hatten, auszubessern. Am ersten Abend wies ihm die Bäuerin ein Bett in der Leutekammer zu, aber der Schuster meinte, er schliefe lieber auf der warmen Ofenbank.

„Das geht nicht“, sagte der Bauer. „Auf der Ofenbank schläft der Hausbutz. Wir möchten ihn nicht verärgern.“

„Heute schlaf ich auf der Ofenbank!“, sagte der Schuster und legte sich dort zum Schlafen nieder.

„Wie du willst!“, sagte der Bauer. „Aber sei nicht grob mit ihm. Unser Butz ist leicht gekränkt. Wenn du seinen

Schlafplatz haben willst, musst du ihn freundlich darum bitten.“

Als alle im Haus schliefen, kam der Butz und wollte sich auf seiner Ofenbank niederlegen. Dort lag aber schon der Schuster und schnarchte.

„He, steh auf, das ist meine Bank!“, sagte der Butz. Aber der Schuster schlief weiter. Da packte der Butz den Schuster und zerrte ihn von der Bank. Plumps, lag der Schuster unten und blinzelte. Plötzlich sah er den Butz, denn der hatte sich sichtbar gemacht, weil der Schuster nicht glauben sollte, er sei von alleine von der Bank gefallen. Dann sprang der Butz dem Schuster auf die Brust und blies und quietschte ihm die Ohren voll. Nun packte der Schuster zu und erwischte den Butz. Der zappelte und schimpfte, aber es half ihm nichts. Der Schuster ohrfeigte ihn, ging ans Fenster und warf ihn hinaus. Dann war Ruhe.

Aber an jedem weiteren Abend kam der Butz wieder und verlangte seinen Schlafplatz und wurde geohrfeigt und aus dem Fenster geworfen. Am letzten Morgen, als der Schuster alle Schuhe ausgebessert hatte und weiterwandern wollte, erschien der Butz vor ihm und sagte: „Jetzt bin ich der Meister!“ Dann rannte er fort. Der Schuster verabschiedete sich von den Bauersleuten und machte sich auf den Weg.

Kaum hatte er sich ein Stück vom Haus entfernt, fühlte er plötzlich ein Ziehen und Zerren. Er sah den Butz in einiger Entfernung den Wiesenhang hinaufspringen und konnte nicht anders, er musste ihm nachlaufen und laufen und laufen – und lief sich die Füße wund. Aber er musste trotzdem weiterlaufen und ihm war, als würde er sich die Füße ablaufen bis zu den Knöcheln.

Als er oben auf dem Berghang angekommen war, stand dort eine Tanne, und neben ihr stand der Butz.

Der packte den Schuster um die Mitte, setzte ihn auf die Tanne hinauf und sagte dazu: „Da hast du's! Ich lass mich doch nicht hauen!", und verschwand.

Der Schuster saß auf der Tanne wie gebannt, bis er vor Müdigkeit herunterfiel. Am nächsten Morgen erwachte er im Moos, nass vom Tau, und ihm war kalt, außen und innen.

Die Almbutze sind ganz eigene kleine Leute. Sie tummeln sich erst nach dem Almabtrieb in den verlassenen Sennhütten, machen Käse und Butter, tafeln vergnügt und musizieren. Und wenn ein Fest zu Ende ist, räumen sie alles sauber weg, löschen das Feuer und ziehen zur nächsten Hütte. Einmal, es war auf der Alpilaalpe, hatte ein Hirt beim Almabtrieb eine schwarze Kuh auf der Weide oben vergessen. Da stieg er zurück auf die Alm, um sie zu holen. Als er dort ankam, sah er seine schwarze Kuh vor der Hütte liegen. Es war schon spät und dämmerig und die Kuh schnaubte ängstlich. Das war dem Hirten nicht ganz geheuer. So nahm er die Kuh mit in die Sennhütte, damit sie es beide nicht so einsam hätten. Er legte sich bald auf die Pritsche schlafen und die Kuh nickte im Stehen ein.

Plötzlich erwachte der Hirt von einem lauten Rufen: „He du, auf der Pritsche! Willst du nicht mit uns feiern?" –

und er sah eine Menge kleiner Männlein und Weiblein in der Hütte sich tummeln, kochen und braten. Und eines der Männchen rief ihm zu: „He du, magst du mitessen? Oder isst du kein Fleisch?"

Dem Hirten wurde noch viel unheimlicher und er traute sich nicht, Nein zu sagen. Er setzte sich unter die seltsamen Gäste und bekam zu essen und es schmeckte ihm sehr. Aber plötzlich bemerkte er, dass die Kuh ihren Kopf immer wieder nach hinten wendete. Und als er näher hinschaute, sah er, dass sie ein großes Loch in ihrem Leib hatte. „Jetzt haben die sich ein Stück Fleisch aus meiner Kuh herausgeschnitten", dachte der Hirt erschrocken, aber er wagte nicht, etwas zu sagen, sondern aß weiter. Bald fingen die Butze, Männlein und Weiblein, zu tanzen und zu musizieren an. Das klang wunderschön, so wunderschön, dass der Hirt seine Kuh vergaß und wie gebannt lauschte. Da rief eines der Männlein: „Willst du mit uns musizieren? Dann sag nur, welches Instrument du spielen willst! Und wenn du nicht musizieren kannst, willst du's nicht lernen? Hast du das nicht immer gewollt?"

„Ja", sagte der Hirt. „Flöten möchte ich gern lernen!" Da bekam er eine Flöte und spielte darauf so gut, wie er nie geglaubt hätte, dass er's jemals könnte.

Als der Morgen graute, hörten die Butze auf zu musizieren und zogen fort, in die Bergnebel hinein. Der Hirt ging nach draußen und schaute ihnen nach, bis sie verschwanden. Dann kehrte er sich um nach der Hütte und sah dort über der Tür eine schwarze Kuhhaut ausgespannt. Als er aber näher hinschaute, war sie weg. Und als er dann in die Hütte hineinging, stand dort die Kuh ganz unversehrt, und die Flöte lag auf der Pritsche. Da wusste er, dass er nicht geträumt hatte. Er nahm die Flöte und die Kuh und ging mit den beiden zurück ins Tal.

Das Ritterfräulein von der Ruggburg

Das Ritterfräulein von der Ruggburg ging einmal auf den nahen Wiesen spazieren und pflückte Blumen. Das Fräulein liebte Blumen und trug immer wieder einen großen Strauß davon heim in ihr Kämmerchen.

Einmal ging sie weiter bis zum Wald. Die Bäume sahen das Fräulein von der Ruggburg mit ihren vielen Gesichtern freundlich an. Sie ging tiefer in den Wald hinein und schaute und bestaunte knorrige Äste, die aussahen wie seltsame Tiere oder hölzerne Geister.

Plötzlich war es dunkel. Nur der Mond schien, und auf einmal wurde ihr angst und bang.

Da wollte das Fräulein von der Ruggburg umkehren, aber sie fand den Weg zurück nicht mehr.

Sie ging weiter und weiter und suchte in dem finsteren Wald ein Licht. Endlich fand sie eines und ging darauf zu. Das Licht war ein helles Fenster in einem kleinen Waldhaus.

In dem Häuschen wohnte eine alte Frau. Die ließ das Fräulein freundlich ein und gab ihr zu essen und zu trinken und ein Bett für die Nacht. Aber ehe sich das müde Fräulein schlafen legte, sagte die alte Frau zu ihr:

„Du hast Glück, dass der Jäger nicht daheim ist. Er ist

auf die Pirsch gegangen und kommt gewiss vor morgen Früh nicht zurück."

Da legte sich das Fräulein ins Bett und schlief ein.

Doch plötzlich wurde sie gerüttelt und geschüttelt, und als sie erschrocken aufwachte, stand die alte Frau mit einer Kerze vor dem Bett und sagte:

„Der Jäger ist doch gekommen! Ich höre schon seine Hunde. Schnell, lauf fort, denn der Jäger ist wild und wird böse, wenn jemand Fremder im Haus ist."

Da wollte das Fräulein schnell aus dem Häuschen flüchten, doch der Jäger stand schon in der Tür und war so zornig, wie sie noch keinen Menschen zornig gesehen hatte. Er packte das Mädchen an den Haaren und zog sein Jagdmesser, um sie zu töten. Aber wie er das Messer hob, entwischte sie ihm, und das Messer schnitt ihr die Haare ab, nicht den Kopf. Ein Büschel langer, schimmernder Haare blieb dem Jäger in Händen.

Das Fräulein war geflohen. Sie lief und lief und lief. Sie wollte nachhause, fand aber den Weg nicht und lief und lief bis ins Schwabenland. Die ersten schützenden Mauern, die sie fand, waren die eines Klosters. Dahinein rettete sich das Fräulein von der Ruggburg und blieb für immer dort.

Der wilde Jäger aber war wie verwandelt seit dem

Augenblick, da er die schimmernden Haare des Fräuleins in Händen hielt. Seine Jagdhunde saßen traurig und winselnd um ihn herum, aber er beachtete sie nicht. Er wollte nie mehr jagen. Ein anderer Jäger kam an seine Stelle, und die Hunde blieben bei dem neuen Herrn. Der Jäger aber saß nur da und flocht Kränzchen und Bänder aus dem schimmernden Haar seiner Liebsten, denn das war ihm das Fräulein im Herzen geworden.

Eines Tages machte er sich auf und durchzog das ganze Land und fragte überall, in jedem Haus und auf jeder Burg, nach dem Mädchen. Er liebte sie so sehr,

dass er keine Ruhe mehr fand. Langsam gab er die Hoffnung auf, das Mädchen jemals zu finden, und wurde immer trauriger und müder. Eines Tages kam er auch ins Schwabenland. Da stand ein Kloster. Er klopfte an die Pforte, um eine warme Suppe zu erbitten. Es war Winter geworden und er hatte kein Geld mehr und bettelte sich durchs Land.

Bald öffnete sich das Guckloch an der Pforte und eine junge Klosterfrau schaute heraus. Beim Anblick des Jägers wurde sie bleich. Auch der Jäger wurde so weiß wie der Schnee unter seinen Füßen.

„Warte hier!“, sagte die junge Klosterfrau mit leiser Stimme und schloss das Guckloch. Nach einer Weile öffnete sich die Pforte und die junge Klosterfrau brachte ihm einen Teller heißer Suppe. Sie stellte den Teller nieder und zog sich gleich zurück. Dann schloss sich die Pforte wieder.

Der Jäger aß seine Suppe und hoffte noch ein Weilchen, die Pforte würde sich wieder auftun. Aber das geschah nicht. Er wollte seine verlorene Liebste wiedersehen, auch wenn es nur durch ein Guckloch wäre. Am nächsten Abend klopfte er neuerlich an die Klosterpforte. Und wieder brachte die junge Klosterfrau ihm einen Teller Suppe. Und so geschah es von nun an jeden Tag.

Die schwarze Katze auf dem Zaunpfosten

Der Sohn des Bäckers von Egg, der Peter, ist jeden Samstag von der Arbeit spät nachhaus gekommen. Und jedes Mal saß auf dem Zaunpfosten eine schwarze Katze und glurte ihn an mit ihren grünen Augen. Jeden Samstag.

Einmal wurde es dem Peter zu viel. Schon der Gedanke, dass die Katze da oben sitzt und ihn anglurt, war ihm zu viel.

„Wenn sie am nächsten Samstag wieder dort sitzt, hau ich sie herunter“, dachte er. Das nächste Mal nahm er einen Stock mit, und wirklich, die Katze saß schon wieder auf dem Zaun oben. Da nimmt der Peter den Stecken und schlägt sie herunter.

Hätt er das nur nicht getan! Denn auf einmal waren überall Katzen um ihn herum, lauter schwarze, es hat nur so gewimmelt von schwarzen Katzen. Getan haben sie ihm nichts, sie haben ihn nur angeschaut, aber wie! Ganz angst ist ihm geworden. Da ist er gesprungen wie noch nie.

Am nächsten Samstag musste er wieder am Zaun vorbeigehen. Da saß wieder die Katze oben. Die oder eine andere. In der Nacht schauen doch alle schwarzen Katzen gleich aus.

Diesmal hat der Peter die Katze oben sitzen lassen und nichts ist geschehen.

Von da an hat er nie wieder einen Stecken genommen und die Katze heruntergeschlagen. Auch nicht wenn's eine weiße gewesen wär.

Der Mühlstein am Rosshaar und das goldene Laub

Bei Götzis lebte einmal eine alte Frau, die ging in der Nähe der Ruine Neuburg Kleinholz sammeln. Als sie auf dem Heimweg an der Ruine vorüberging, sah sie vor dem Eingang ein Häufchen Sägespäne liegen. Sie tat die Späne zu dem Kleinholz in ihre Schürze und trug alles nachhause. Dort leerte sie die Schürze vor dem Herd aus. Als sie am nächsten Morgen Feuer machen wollte, fand sie das Holz, wie sie es gesammelt hatte, die Späne aber waren in Gold verwandelt.

Ganz glücklich lief die Frau vors Haus und erzählte dem Nächsten, den sie vor ihrem Häuschen antraf, von den zu Gold gewordenen Sägespänen.

Dieser Nächste war ein Fuhrmann. Als er von dem Goldzauber hörte, musste er denken, dass in der Ruine vielleicht noch viel mehr Gold zu holen wäre als vor dem Eingang, möglicherweise gar ein verzauberter Schatz.

Verzauberte Schätze erscheinen manchmal um Mitternacht. Man kann sie aber nicht in der Schürze heimtragen, denn sie werden bewacht. Von einem wilden schwarzen Hund oder einer großen Kröte.

Der Fuhrmann wartete also, bis es Nacht war. Dann

ging er zu der Ruine hinauf und nahm einen Spaten und eine scharfe Hacke mit. Mit dem Spaten wollte er den Schatz ausgraben, mit der Hacke aber würde er den Hund oder die Kröte erschlagen.

Als er um Mitternacht bei der Ruine ankam, sah er den Goldschatz von innen her leuchten. Aber nirgends war ein Hund oder eine Kröte. Der Fuhrmann ging in die Ruine hinein und wollte das Gold, das fest im Boden saß und glühend leuchtete, mit seinem Spaten aus der Erde graben. Da hörte er oben auf der Mauer ein leises Schlurfen und Klatschen und blickte hinauf.

Und jetzt sah er eine riesige Kröte oben sitzen, die schaute ihn mit goldglitzrigen Augen an. Mit ihren beiden Vorderbeinen hielt sie ein Rosshaar fest, und an dem Haar hing, genau über dem Kopf des Fuhrmanns, ein Mühlstein.

Da ließ er Spaten und Hacke fallen und rannte davon und wagte sich von nun an nie mehr in die Nähe der Ruine Neuburg.

Es gibt viele Orte, an denen man Schätze gewinnen kann. Auf Frastafeders ist vor langer Zeit ein Schloss gestanden, in dem Leute immer wieder Schätze gesucht haben. In der Nähe, auf dem Kläslefeld, stand ein einsames Haus.

Darin saß einmal an einem Sonntag eine Frau und betete. Plötzlich glänzt es vor ihrem Fenster so hell, dass es sie beim Beten stört, und sie schaut hinaus. Da liegt doch draußen ein großer Laubhaufen, der glänzt, als wäre jedes Blatt aus Gold. Sie hat nur schauen können, so schön war das! Nach einer Weile ist dann ein Geist mit einem Besen gekommen und hat das goldene Laub weggekehrt.

Kurz darauf kam eine Base zu Besuch, der hat die Frau das erzählt.

„Du blöde Urschel!“, hat die Base gesagt. „Warum bist du nicht hinausgerannt und hast dir das Goldlaub geholt? Oder hättest du wenigstens dein Gebetbuch durchs Fenster hinausgeworfen, dann hätte der Geist den Haufen nicht wegkehren können. Das war sicher der Teufel. Der gönnt einem Christenmenschen doch nichts!“

„Nein, nein, das war ein gewöhnlicher Geist“, sagte die Frau. „Und es war alles so schön. Ich hätte es nicht übers Herz gebracht, da hinauszulaufen und das goldene Laub zu stören. Es hat sich doch gesonnt!“

Die Base murrte noch eine Weile über die Dummheit ihrer Verwandten, aber die hatte auf einmal einen Goldschimmer in den Augen, und da war die Base still.

Das Donauweibchen

Früher einmal war die Donau voller Nixen. Sie war ein breiter, ungebändigter Strom, der mit vielen Wasserarmen kleine Inseln und Inselchen umfloss. Dort und an den beiden Ufern der Donau standen Fischerhütten. Die Fischer wohnten das ganze Jahr darin. Vom Frühling bis zum Herbst fuhren sie mit ihren Booten auf das Wasser hinaus und fischten. Im Winter, wenn das Eis kam, saßen sie in ihren Hütten und besserten Netze aus.

Die Nixen wohnten auf dem Grund der Donau in einem Palast aus Muscheln und Wassersprudeln; der glitzerte manchmal herauf, als wäre er aus Glas. Der Palast gehörte dem Donaufürsten, und die Nixen waren seine Töchter.

Die Nixen kamen oft an Land. Sie trugen weite, helle Gewänder. Sie tauchten immer nur abends auf, und wenn sie irgendwo in der Nähe Tanzmusik hörten, schlüpften sie hin und tanzten mit den jungen Fischern. Beim ersten Hahnenschrei mussten sie wieder in die Donau zurück. Der Donaufürst war streng. Wenn seine Töchter zu spät heimkamen, tobte er, dass das Donauwasser trüb wurde.

„Der Donaufürst selber taucht auch manchmal auf“,

erzählte einmal ein alter Fischer seinem Sohn. Es war Winter, die Donau war voller Eisschollen. So saßen die beiden in der Hütte und flickten Netze.

„Hast du ihn schon einmal gesehen, Vater?“, fragte der Sohn.

„Den Donaufürsten? Nein“, antwortete der alte Fischer. „Aber es gibt Leute, denen er schon begegnet ist. Wenn der Mond scheint, spaziert er manchmal als Jäger verkleidet durch die Donauauen. Du darfst ihn dann nicht ansprechen, sonst packt er dich und schleppt dich in seinen Muschelpalast hinunter, und du kommst nie wieder herauf. Auch seine Töchter ziehen immer wieder Menschen ins Wasser, vor allem junge Männer. Nimm dich vor den Nixen in Acht, mein Sohn!“

„Es gibt keine Nixen“, sagte der Fischersohn. „Ich habe noch nie welche gesehen.“

In dem Augenblick, da er das sagte, stand ein Mädchen in der Tür, ein wunderbar schönes. Es hatte ein langes, helles Gewand an und dunkles, feuchtes Haar mit gelben Wasserlilien darin. „Tauwetter kommt!“, sagte das Mädchen mit sanfter Stimme zu den beiden Fischern. „Das Donaueis bricht und Hochwasser wird die Auen überschwemmen. Flieht, sonst seid ihr verloren!“

Gleich darauf war das Mädchen fort.

„Wer war das?“, fragte der Sohn.

„Eine Nixe“, antwortete der Vater, „ein Donauweibchen. Komm schnell, wir müssen die Nachbarn warnen!“

Draußen tobte ein eisiger Sturm, aber der alte Fischer lief hinaus. Sein Sohn folgte ihm. Er zweifelte noch immer daran, dass die seltsame Erscheinung eine leibhaftige Nixe gewesen war, aber er wollte den Vater in dem Unwetter nicht allein lassen. Zu seiner Verwunderung glaubten die Nachbarn dem alten Fischer, und alle zusammen flüchteten vom Ufer der Donau weg tiefer ins Land hinein.

Am nächsten Tag war das Hochwasser da, die Fischerhütten standen bis zum Dach unter Wasser. Aber die Fischer hatten sich alle retten können.

Als der Frühling kam, hatte das Wasser sich schon lange verlaufen und die Fischer stiegen wieder in ihre Boote und fuhren zum Fischen aus. In den Donauauen grünte und blühte es, und die Vögel bauten Nester.

Der junge Fischersohn glaubte noch immer nicht an Nixen, obwohl er doch eine leibhaftig gesehen hatte. Er hielt das wundersame Mädchen mit den Wasserlilien im Haar für einen Traum, weil er dachte: „An einem dunklen Winterabend kann man über dem Netzeflicken leicht einnicken und von etwas Wunderschönem träumen.“

Immer wieder fuhr er mit seinem Kahn weit auf die Donau hinaus. Er kehrte auch immer mit einem Netz voller Fische zurück, aber jedes Mal kam er stiller und trauriger heim. Sein alter Vater war im letzten Winter krank geworden. Er konnte nicht mehr zum Fischen hinausfahren. So saß er meist vor der Hütte und wartete auf die Rückkehr des Sohnes. Oft weinte er, wenn er an die Nixe dachte. „Sie wird ihn holen“, dachte er. „Sie hat Macht über ihn. Er denkt ja immerzu an sie, auch wenn er glaubt, dass sie nur ein Traum ist.“

Eines Abends kam der junge Fischer nicht mehr zurück. Am Morgen darauf fanden Fischer sein leeres Boot in den Uferweiden verfangen schaukeln und brachten dem Vater die Nachricht, dass sein Sohn ertrunken war.

„Er ist nicht ertrunken“, sagte der Alte. „Die Nixe hat ihn geholt. Jetzt wohnt er mit ihr in dem glitzernden Wasserpalast auf dem Grund der Donau und ist glücklich.“

Der Basilisk in der Schönlaterngasse

Am 26. Juni des Jahres 1212, in aller Früh, wurde aus dem Haus des Bäckermeisters Garhibl in der Schönlaterngasse 7 ein so lautes Geschrei gehört, dass die Leute zusammenliefen. Sogar der Stadtrichter kam angeritten. Auf seine Frage, was für ein Unglück denn geschehen sei, berichtete ihm der Bäckermeister aufgeregt, in seinem Brunnen im Hof sitze ein Ungeheuer und verbreite einen grässlichen Gestank. Seine Magd habe es beim morgendlichen Wasserholen entdeckt und sei fast in Ohnmacht gefallen.

„Sie soll's Ihnen selber erzählen", sagte der Bäckermeister. „Liesl, geh her und sag dem Herrn Stadtrichter, was du gesehen hast!"

„Einen Hahn mit einer Krone auf", flüsterte die Magd. Der Stadtrichter gab sein Pferd einem zu halten, der grade dastand, und ging ins Haus, um selber in den Brunnen hinunterzuschauen. Die vielen Neugierigen, die sich inzwischen angesammelt hatten, drängten ihm nach. Und da sahen sie am Brunnenrand den jüngsten Bäckerburschen stehen. Er hatte ein Seil um den Leib gebunden und wollte hinuntergelassen werden.

„Die Liesl fürchtet sich doch vor jedem Hühnerdreck",

sagte er. „Ich geh nachschauen, was da unten wirklich los ist! Lasst mich hinunter!"

Das taten sie. Nach wenigen Augenblicken aber hörten sie den Buben um Hilfe rufen und zogen ihn herauf, so schnell es ging. Er war totenbleich und wagte nicht die Augen aufzutun, bekam kaum Luft und konnte nicht reden. Sie brachten ihm zu trinken und endlich erzählte er: „Da sitzt wirklich was unten im Brunnen. Es schaut aus wie ein Hahn und eine Kröte zugleich, mit einer Krone auf dem Kopf. Es hat mich angeschaut, als wollt es mich mit den Augen umbringen."

„Beruhig dich", sagte der Bäckermeister. „Der Herr Stadtrichter ist schon da. Der wird wissen, was man jetzt tun muss."

„Erst einmal alle weg vom Brunnen!", sagte der Stadtrichter. „Nach dem, was der Bub gesehen hat, kann ich nur sagen: Da unten sitzt ein Basilisk. Den muss man unschädlich machen. Mit Steinen und Erde muss man ihn zuschütten. Dann erstickt er. Denn wenn er am Leben bleibt, bedeutet das Todesgefahr für alle Umwohner."

„Zuschütten!", riefen ein paar Leute. „Zuschütten!", und einige wollten sich sofort auf den Weg machen, um Erde und Steine herbeizuschaffen.

Da rief einer: „Und was ist, wenn er nicht erstickt? Man weiß doch nicht, ob da nicht ein unterirdischer Gang ist, in den er dann hineinkriecht und sich rettet? Gekommen ist er ja auch von irgendwoher!“

„Dann soll er doch in Gottes Namen irgendwohin kriechen!“, rief ein anderer. „Die Hauptsache ist, er bleibt nicht im Brunnen von unserem Bäckermeister sitzen!“

„So?“, sagte wieder einer. „Dann sind andere Leute in Todesgefahr!“

Sie redeten eine Weile hin und her und konnten sich nicht einig werden.

Da ließ der Stadtrichter einen Professor der Natur- und Sagenkunde holen. Dieser kam und fing gleich an zu reden. „Ein Basilisk“, sagte er, „entsteht aus einem Ei, das ein Hahn gelegt und eine Kröte ausgebrütet hat. Ein Basilisk hat einen Schuppenschwanz voller Zacken und überall dicke Warzen, besonders an den Beinen. Seine Augen glühen. Er ist durch und durch giftig, sogar sein Blick und sein Atem sind giftig. Aber man kann ihm beikommen. Ein Basilisk weiß nämlich nicht, wie hässlich er ist. Also muss man ihm einen Spiegel vorhalten, dann erschrickt er vor sich selber und zerplatzt.“

Der Stadtrichter ergriff den Strick, an dem der Bäckerjunge hinuntergelassen worden war, und verlangte einen blank geputzten Spiegel. Der wurde ihm gebracht, der Stadtrichter band den Spiegel an den Strick und der Spiegel wurde in den Brunnen hinuntergelassen. Augenblicke später hörten sie alle aus dem Brunnen ein schreckliches Schnaufen und Gehuste und dann einen Knall. Der Basilisk war zerplatzt und tot und die Gefahr vorüber.

Das Haus des Bäckermeisters Garhibl in der Schönlaterngasse 7 bekam den Namen „das Basiliskenhaus“, und man brachte neben dem Haustor ein Bild des Untiers als Hauszeichen an.

Das Bildnis des Basilisken ist noch immer dort zu sehen und das Haus heißt immer noch Basiliskenhaus und ist eine Sehenswürdigkeit von Wien geworden. Noch heute zeigt man Touristen und Schulkindern das grässliche Untier, das, als es mit seinem giftigen Blick in einen Spiegel schaute, vor Schreck über sich selber zerplatzt ist.

Der liebe Augustin

Vor über 300 Jahren lebte in Wien ein Dudelsackpfeifer mit Namen Augustin, der den Wienern in den Wirtshäusern in der Stadt und auch in den Vorstädten aufspielte.

Wien war noch sehr klein und auch sehr schmutzig. Es gab noch keine Kanäle. Aller Unrat wurde vors Haus geschüttet, sogar die Nachttöpfe. Es war kein Wunder, dass die Leute von dem vielen Schmutz krank wurden. Wenn dann einmal eine Seuche ausbrach, war es besonders schlimm.

Im Jahr 1679 kam die Pest nach Wien. Sie war schon mehrmals da gewesen, aber in diesem Jahr starben besonders viele Menschen daran. Der Dudelsackpfeifer Augustin spielte damals in den Wirtshäusern auf seinem Dudelsack und sang dazu lustige und freche Lieder, auch wenn er manchmal selber zum Sterben traurig war. Aber er war ein armer Musikant und lebte davon, dass den Leuten seine Lieder gefielen. So dudelte er und schimpfte auf den Dreck und die Pest. Alles ist hin, sang er, Rock ist weg, Stock ist weg, Augustin liegt im Dreck – und dazu hopste er so spaßig herum, dass die Leute lachen mussten und darüber eine Zeit lang allen Jammer ringsum vergaßen. Sie nannten den Dudelsackpfeifer ihren lieben Augustin, sangen mit ihm „Alles ist hin“ und tranken, und Augustin sollte mittrinken und das tat er auch.

Eines Nachts ging Augustin von einem Wirtshaus nach Hause. Damals gab es in Wien noch keine Straßenbeleuchtung, nur den Mondschein und Fackeln und da und dort ein paar Handlaternen. Als der liebe Augustin auf dem Heimweg in die Vorstadt St. Ulrich war, überfiel ihn plötzlich eine so große Traurigkeit, dass er sich niedersetzen musste, seine Beine wollten einfach nicht mehr und er auch nicht. „Alles ist hin“, sagte er, lehnte sich müde gegen eine Hauswand und schlief ein.

Da kam einer vorbei, der den Toten alles wegnahm, was sie bei sich hatten. Als der Dieb den lieben Augustin an der Hauswand liegen sah, hielt er ihn für tot und nahm ihm den Dudelsack weg.

Weit kam er nicht, nur ein paar Schritte, dann fing er an zu taumeln und zu jammern, lief noch ein paar Schritte weiter, fiel hin und war tot. Die Pest hatte auch ihn geholt.

Im Lauf der Nacht kamen die Knechte, die die Pesttoten auf ihrem Karren einsammelten und dann in tiefe Gruben, die Pestgruben, warfen. Denn in Pestzeiten starben

meistens so viele Leute, dass man sie nicht einzeln begraben konnte. Begraben aber mussten sie werden. Wenn eine Pestgrube voll war, schüttete man sie mit Kalk und Erde zu.

Zwei solcher Pestknechte, die mit ihrem Karren daherkamen, fanden den lieben Augustin wie tot daliegen, aber sie erkannten ihn nicht, warfen ihn auf ihren Pestkarren und fuhren weiter. Gleich darauf fanden sie den toten Dieb mit dem Dudelsack.

Und weil es so dunkel war, hielten sie den Dieb mit dem Dudelsack für den lieben Augustin und sagten: „Schau, jetzt hat die Pest sich den auch geholt! Das hätt man doch nicht geglaubt, dass so einer stirbt!"

Die beiden Pestknechte tranken Augustin zu Ehren ein paar Schluck Branntwein, den sie immer bei sich hatten und von dem es hieß, dass, wer viel Branntwein trinkt, gegen die Pest gefeit ist. Bei der nächsten Pestgrube kippten sie den Augustin und den Dieb mit dem Dudelsack und die andern Toten von ihrem Karren in die Grube.

Augustin merkte nichts davon. Die Knechte zogen mit ihrem Karren weiter, ihrem traurigen und gefährlichen Geschäft nach.

Am Morgen darauf erwachte der liebe Augustin in der Pestgrube. Erst wusste er nicht, wo er war, dann merkte er es und wollte um Hilfe rufen. Aber er brachte vor Schreck und Angst keinen Ton hervor. Nun versuchte er, aus der Grube zu klettern. Dabei trat er auf etwas, das leise quäkte, und merkte, dass er auf seinen Dudelsack getreten war. Da war ihm plötzlich ganz anders. Er setzte die Pfeife an die Lippen und dudelte und sang dazu, so laut er konnte: „O der liebe Augustin, so ein Schreck, liegt im Dreck …“

Das hörten die Pestknechte. Sie kamen gelaufen und halfen ihm aus der Grube. Der Dudelsackpfeifer Augustin hat dann noch viele Jahre gelebt und Dudelsack gespielt und gesungen. Zweihundert Jahre oder noch mehr nach seinem Tod hat er dann ein Denkmal bekommen, genau dort in St. Ulrich, wo er, wie die Sage berichtet, von den Knechten aufgelesen worden war. Es war ein Denkmal aus Metall. Und wieder viele Jahre später, im Zweiten Weltkrieg, im 20. Jahrhundert, das auch schon wieder vorbei ist, hat man das Augustin-Denkmal eingeschmolzen, weil man das Metall gebraucht hat für Maschinen und Waffen. Aber der Geist des lieben Augustin ist weiter umgegangen in Wien und hat den Leuten keine Ruhe gelassen, bis sie ihm ein neues Denkmal in St. Ulrich aufgestellt haben. Das ist aber aus Sandstein.

Die verschenkte Muttergottes

In der Barbarakapelle des Wiener Stephansdoms befindet sich eine Muttergottesstatue, von der man seltsame Geschichten erzählt. Eine davon handelt von einer Gräfin, die sich diese Statue hat schnitzen lassen und sich dann mehrmals am Tag vor sie hingekniet und zu ihr gebetet hat.

Die Gräfin galt daher als besonders fromm. Aber wenn sie nicht gerade vor ihrer Madonna auf den Knien lag, war dieselbe Gräfin eine herrische Frau, die ihre Dienstboten quälte, wann immer sie Lust dazu hatte. Einmal vermisste sie eine Perlenkette. Da ließ sie ihre jüngste Dienstmagd rufen und beschuldigte sie, die kostbare Kette gestohlen zu haben.

Das Mägdlein war fast noch ein Kind und stand ganz allein in der Welt. Es hatte niemand, der ihm hätte helfen oder zu dem es hätte flüchten können, wenn die Frau Gräfin sie ungnädig aus dem Haus gewiesen hätte. Und so ließ die junge Dienstmagd sich von der hohen Frau beschimpfen und quälen, weil ihr das immer noch besser schien, als ohne Dach über dem Kopf auf der Straße zu hungern. Doch als die Frau Gräfin nun die Perlenkette von ihr verlangte, die sie doch nicht gestohlen hatte, da wagte die kleine Magd zwar kein Wort, um sich vor ihrer Herrin zu verteidigen, aber sie fiel der geschnitzten Madonna zu Füßen und rief weinend: „Hilf mir, liebe Muttergottes, bitte hilf mir! Ich war's nicht, das weißt du doch!"

Und nun – und das kann man kaum glauben, dass ein Mensch so redet, aber so geht die Sage – rief die fromme Grafin voll Hohn: „Du dumme Kröte! Diese Muttergottes hab ich eigens für mich schnitzen lassen! Sieh sie dir an, wie vornehm sie ist in ihrem prächtigen Seidenkleid und mit der goldenen Krone! Sie ist eine Madonna für reiche und vornehme Leute, die hilft keinem Dienstboten!"

Und die Gräfin ließ einen Offizier der Stadtwache rufen, der sollte sofort kommen und die Diebin ins Gefängnis werfen. Der Offizier kam auch sogleich, hörte sich die Beschuldigung der Gräfin an und sah das weinende Mädchen vor der Madonna knien. „Vielleicht war es die Kleine wirklich nicht", dachte er. Statt die junge Magd zu verhaften, ließ er das ganze Haus nach der Perlenkette durchsuchen. Und siehe da, das kostbare Schmuckstück fand sich in der Gewandtruhe des Reitknechts der Gräfin. Der Reitknecht gab den Diebstahl sofort zu, und die junge Magd war vorläufig gerettet.

Die fromme Gräfin aber war nun so zornig auf ihre

Madonna, dass sie sie aus dem Haus haben wollte. Sie schenkte die Statue der Kirche und ließ sich eine neue schnitzen. Seither steht die Marienstatue, die der jungen Dienstmagd geholfen hat, in der Barbarakapelle im Stephansdom.

Von dieser Statue aber ist in alten Büchern anderes zu lesen, als die Sage von der „Dienstbotenmuttergottes“ berichtet. Nämlich dass sie schon vierhundert Jahre vor der Geburt der Gräfin geschnitzt worden und in einem aufgemalten Kleid im Stephansdom gestanden sei. Ihr seidenes Gewand und die goldene Krone hätte sie erst viel später bekommen.

Und weiter wird berichtet, dass der Kaiser Joseph seinerzeit angeordnet habe, allen kostbar gekleideten Muttergottesstatuen ihre prunkvollen Gewänder abzunehmen, weil er meinte, dass einfache Leute es vielleicht nicht wagten, einer so prächtig und vornehm aufgeputzten Muttergottes ihre Sorgen anzuvertrauen. Aber da, so wird erzählt, hätte die Madonna in der Barbarakapelle zu weinen angefangen und geflüstert: „Lasst mir meine Kleider, ich hab ja drunter nur Farbe an!“ Und darauf, wird berichtet, hätte Kaiser Joseph gesagt: „Wenn das so ist, dann muss man ihr die Kleider lassen.“

Die Wassermännchen vom Wienfluss und vom Ziegelteich

Der Wienfluss war einmal ein sehr wildes Wasser, das durch Auwald und an kleinen Dörfern vorüberfloss und da und dort eine Mühle trieb. Damals hatte er noch kein steinernes Bett wie heute, und darum konnten auch Wassermännchen auf dem Flussgrund ihre Unterwasserpaläste bauen.
Die Sage berichtet von verschiedenen Wassermännchen im Wienfluss. Eines wohnte seit undenklichen Zeiten in der Gegend des Magdalenengrunds. Es war sehr klein und sehr blass. Und krumm war es, und es trug einen grauen Rock, aus dem immerzu Wasser tröpfelte. Dazu hatte das Männchen einen Hut mit einem schwarzen Band auf dem Kopf, Haare, die bis zum Boden reichten, und an den Füßen trug es rote Röhrenstiefel mit roten Quasten.

An manchen Abenden erschien das Wassermännchen auf dem Wehr, wo das Flusswasser sich staute, und winkte den Menschen, die vorüberkamen, um sie anzulocken und in sein Reich zu ziehen. So ein Mensch war verloren, wenn er nicht eiligst über die nächste Wagenspur sprang. Bis hinter die Wagenspur reichte die

Macht des Wassermännchens nicht. Aber sonst war es gefährlich und manchmal sogar heimtückisch. So lockte es Kinder, die am Ufer standen und nach Schwemmholz fischten, mit besonders schönen Ästen und Zweigen. Einmal stürzte ein Kind dabei ins Wasser, weil das Männchen ihm einen Stein unter den Füßen losgetreten hatte. Glücklicherweise gelang es seinem Brüderchen, es noch rechtzeitig aus dem Wasser zu ziehen. Damals konnte kaum ein Mensch schwimmen. Manche banden sich mit Luft gefüllte Ochsenblasen an den Leib, die sie über Wasser hielten wie uns heute Schwimmreifen oder Schwimmflügel. Einem Kaufmann stach das Wassermännchen eine der Ochsenblasen auf, dann zog es ihn in seinen Palast hinunter. Den Pferden und Schweinen und Ochsen, die man in die Schwemme trieb, tat das Männchen nichts.

Ein zweites Wassermännchen wohnte in der Nähe der Schönbrunner Brücke. Es erschien in einem grauen Rock mit blauen Knöpfen, und dazu trug es gelbe Hosen. Sein Haar war grün. Aus seiner Rocktasche schaute ein goldener Kamm. Wenn ein Mensch daherkam, fing das Wassermännchen an sich zu kämmen, und sein goldener Kamm funkelte. Das Gefunkel lockte so manchen in die Gewalt des kleinen Wassermanns.

Das Wassermännchen, das in der Nähe des Meidlinger Bahnhofs in einem alten Ziegelteich wohnte, war ein sehr alter Wassergeist. Auch er hatte sich einen Unterwasserpalast gebaut, dessen Muscheln und Perlen durch den Schlamm heraufschimmerten. Der alte Wassergeist war ein friedlicher Wassermann. Wenn aber ein Mensch sich Perlen aus dem Ziegelteich holen wollte und danach tauchte, wühlte der alte Wassergeist den Schlamm auf, und oft ertrank der Taucher, weil er sich in dem trüben Teichwasser nicht mehr zurechtfand. Beim nächsten Vollmond ging dann der Wassermann in einem grauen Rock, der ihm bis zu den Füßen reichte, auf der Wasserfläche spazieren, kämmte mit einem riesigen Kamm sein gelbes Haar und winselte dazu vor Kummer.

Heute gibt es keinen Platz mehr für Wassermännchen im Wienfluss oder im Ziegelteich. Aber wahrscheinlich haben sie sich irgendwohin gerettet, wo noch Wildnis ist.

Sagenhaftes aus

ISBN 978-3-7074-2316-7

ISBN 978-3-7074-2326-6

ISBN 978-3-7074-2561-1

ISBN 978-3-7074-0678-8

ISBN 978-3-7074-2435-5

allen Bundesländern

ISBN 978-3-7074-2268-9

ISBN 978-3-7074-2380-8

ISBN 978-3-7074-2269-6

ISBN 978-3-7074-2270-2

ISBN 978-3-7074-2315-0

ISBN 978-3-7074-2352-5

Sagenhaftes aus Österreich

Mit Bildern von Stephan Köhler
und einem Hörbuch, gesprochen von Gerhard Tötschinger
72 Seiten, 21 x 28 cm, Hardcover mit Prägung
ISBN 978-3-7074-2614-4

Österreich besitzt einen äußerst reichhaltigen Sagenschatz. In den überlieferten Geschichten spiegeln sich die Besonderheiten der Landschaft, das Leben ihrer Bewohner und so manches historisches Ereignis. Für dieses Buch wurden die schönsten österreichischen Sagen ausgewählt, meisterlich nacherzählt von Friedl Hofbauer.

Stephan Köhler hat jede Geschichte mit kunstvollen Bildern illustriert, die im besten Sinn des Wortes „sagenhaft“ sind, faszinierend für Kinder und Freunde edler Bücher.